金融マトリックス

FINANCIAL MATRIX

国債と銀行の運命

磯野 薫
KAORU ISONO

一般社団法人 **金融財政事情研究会**

はじめに

　金融資産・負債は人がつくった契約である。同じ契約の一方の当事者にとっては金融資産、もう一方の当事者からは金融負債となる。したがってすべての金融資産と金融負債は表裏一体であり、同じ残高、同じ動きとなる。

　たとえば四半期ごとに家計の金融資産が現預金を中心として増加していることがしばしばメディアで取り上げられる。これは日本銀行が公表している資金循環統計に基づく報道であるが、家計の金融資産が増加していることは同じ金額で誰かの金融負債、それも金融機関以外の金融負債が増加していることを意味する。減少についても同様に、中央政府の金融負債が減少することは他の非金融部門の金融資産が減少している。

　資金循環統計は金融資産と金融負債の時価残高（ストック）、取引による増減額（フロー）、時価変動（調整）の統計で金融資産・負債を保有する部門と金融資産・負債の種類を表す項目とのマトリックスとなっている。

　この金融マトリックスをみると、ある四半期にどの部門のどのような金融資産が増加しているか、そしてそれに対応してどの部門のどのような金融負債が増加しているかといったことがクリアにわかる。

　本書ではこの金融マトリックスを対象に、「誰かの金融資産は誰かの金融負債である」「決済手段は銀行の金融負債として供給されている」という根本的な2つの原理とそこから派生する4つの原理を解説し、それらの原理を用いて6つのトピックスについてマトリックスの動きを分析、リスク管理上のインプリケーションを探っている。

　金融や金融市場、市場の混乱やリスク管理を考える場合、金融資産と金融負債は必ずバランスしているという資金循環的な視点は重要である。筆者は長年、金融機関において市場と向き合い、リスク管理を行ってきたが、経験上、そうした視点をもつことはきわめて有効であった。

　市場関連業務やリスク管理などを担当する方にとって、本書が資金循環的な視点をもつことの重要性を理解する手助けになれば幸いである。

2022年2月

　　　　　　　　　　　　　　　　　　　　　　　　磯 野 　薫

目　次

第3章　日銀預け金による国債の代替効果

第 1 章

金融マトリックス総論

資金循環統計（以下「マトリックス」）は、日本国内の金融資産・負債の四半期ごと、年度ごとの、①時価ベースの残高（ストック）、②資金決済と金融取引によって生じた期中の金融資産・負債の増減額（フロー）、③前期ストックと当期ストックの変化額と当期フローとの乖離額で、主に時価評価による変動を記録した調整表の３種類の統計表である。「今期末のストック＝前期末ストック＋今期フロー＋今期調整額」の関係となっている。

　部門は50に分かれており、内訳は、金融機関が39部門、非金融部門が非金融法人企業、一般政府、家計などが10部門、海外が１部門である。取引項目（金融商品名）は14の大項目の下に43項目があり、資産も負債も同じ項目名を使用している（図表１－１）。

図表１－１　資金循環統計（マトリックス）の概要

ストック　　　50部門　　⇒　　　　　　　　　　　　　（単位：兆円）

57項目 ⇓

取引項目＼部門	金融機関 2021/3末ストック		国内非金融部門 2021/3末ストック		海外 2021/3末ストック	
	資産	負債	資産	負債	資産	負債
1 現金・預金	783	2,314	1,546		11	25
2 貸出	1,613	708	86	1,043	220	169
3 債務証券・投資信託受益証券	1,426	589	229	1,278	212	
4 株式等	240	172	778	1,120	274	
5 保険・年金・定型保証	20	540	542	23		
6 対外投資	473	47	469	3	50	937
7 その他	184	189	374	361	59	67
8 差額		180		197		-372
9 合計	4,739	4,739	4,025	4,025	826	826

フロー

取引項目 ＼ 部門	金融機関 2020年度フロー		国内非金融部門 2020年度フロー		海外 2020年度フロー	
	資産	負債	資産	負債	資産	負債
1 現金・預金	142	273	133		0	2
2 貸出	85	50				
3 債務証券・投資 信託受益証券						

調整

取引項目 ＼ 部門	金融機関 2020年度調整		国内非金融部門 2020年度調整		海外 2020年度調整	
	資産	負債	資産	負債	資産	負債
1 現金・預金	0	0	0		0	0
2 貸出	-2	2				
3 債務証券・投資 信託受益証券						

●日銀が四半期ごとに公表

　マトリックスは、日本銀行（以下「日銀」）が四半期ごとと年度ごとに作成、公表している統計で、日本国内の金融資産・負債の時価ベースの残高（金融資産・負債残高表（ストック））、資金決済と金融取引によって生じた期中の金融資産・負債の増減額（金融取引表（フロー））、前期ストックと当期ストックの変化額と当期フローとの乖離額で、主に時価評価による変動を記録した調整額（調整表）の３種類の計数を、部門（金融資産・負債の保有者）と取引項目（金融商品の種類）別にまとめたものである。

　マトリックスの集計対象は、日本国内で保有されている金融資産と金融負債であり、財務上は連結の対象となる海外支店や海外子会社の金融資産・金融負債は集計の対象外である。

　マトリックスは、国民経済計算体系の国際基準であるSNA（System of

National Accounts）に準拠して作成されている。SNAはこれまでに３回改訂されており、現行の2008年SNA（System of National Accounts 2008、以下「08SNA」）は2005年３月末にさかのぼって適用され、2016年３月のマトリックスから使われている〔注１〕。

〔注１〕 1968年SNA（以下「68SNA」）は1953年12月末から1999年３月末をカバーし、1993年SNA（以下「93SNA」）は1980年３月末から2015年９月末の35年半をカバーしている。マトリックス本体は日銀サイトの統計タブ内の資金循環（http://www.boj.or.jp/statistics/sj/index.htm/）で各種のレポートや解説および時系列データ（68SNA、93SNA、08SNAベース）が入手できる。また、08SNAベースはデータの一括ダウンロードが可能で（http://www.stat-search.boj.or.jp/info/dload.html）、このうち『資金循環統計 fof2_jp.zip』で年度ごとと四半期ごとの全時系列データを一括してエクセルにダウンロードできる。

図表１－２は、マトリックスの部門と取引項目の一覧である。

図表１－２　マトリックスの部門と取引項目

［部門（50部門）］	［取引項目（57項目）］
金融機関	現金・預金
中央銀行	現金
預金取扱機関	日銀預け金
銀行等	政府預金
国内銀行	流動性預金
在日外銀	定期性預金
農林水産金融機関	譲渡性預金
中小企業金融機関等(注１)	外貨預金
郵便貯金（2007/３Qまで）	財政融資資金預託金
合同運用信託	貸出
証券投資信託	日銀貸出金
公社債投信	コール・手形
うちMMF・MRF	民間金融機関貸出
株式投信	住宅貸付
保険・年金基金	消費者信用
保険	企業・政府等向け
生命保険	公的金融機関貸出
うち民間生命保険会社	うち住宅貸付

（2007／3Qまで）

非生命保険　　　　　　　　　　非金融部門貸出金
　うち民間損害保険会社　　　　割賦債権
　うち定型保証機関　　　　　　現先・債券貸借取引
共済保険　　　　　　　　　　債務証券
年金基金　　　　　　　　　　　国庫短期証券(注2)
　企業年金　　　　　　　　　　国債・財投債
　　確定給付型年金　　　　　　地方債
　　確定拠出型年金　　　　　　政府関係機関債
　その他年金　　　　　　　　　金融債
その他金融仲介機関　　　　　　事業債
　ノンバンク　　　　　　　　　居住者発行外債
　　ファイナンス会社　　　　　CP
　　債権流動化に係る特別目的会　信託受益権
　　社・信託　　　　　　　　　債権流動化関連商品
　公的金融機関　　　　　　　株式等・投資信託受益証券
　　財政融資資金　　　　　　　株式等
　　政府系金融機関　　　　　　　上場株式
　ディーラー・ブローカー　　　　非上場株式
　　うち証券会社　　　　　　　　その他の持分
　非仲介型金融機関　　　　　　投資信託受益証券
　　うち金融持株会社　　　　保険・年金・定型保証
　公的専属金融機関　　　　　　非生命保険準備金
非金融法人企業　　　　　　　　生命保険受給権
　民間非金融法人企業　　　　　年金保険受給権
　公的非金融法人企業　　　　　年金受給権
一般政府　　　　　　　　　　　年金基金の対年金責任者債権
　中央政府　　　　　　　　　　定型保証支払引当金
　地方公共団体　　　　　　　金融派生商品・雇用者ストックオプ
　社会保障基金　　　　　　　ション
　　うち公的年金　　　　　　　フォワード系
家計　　　　　　　　　　　　　オプション系
対家計民間非営利団体　　　　　雇用者ストックオプション
海外　　　　　　　　　　　　預け金
合計（上記の部門を合算したもの）企業間・貿易信用
　　　　　　　　　　　　　　未収・未払金
国内非金融部門　　　　　　　対外直接投資
（非金融法人企業・一般政府・家計・　対外証券投資

対家計民間非営利団体の合計)	その他対外債権債務
	うち金・SDR等
	その他
年金計	資金過不足（金融取引表）
（年金基金・公的年金の合計）	金融資産・負債差額（金融資産・負債
	残高表）
	調整差額（調整表）
	（上記の項目を合算したもの）
	合計

（注1）　中小企業金融機関等は、2007年第4四半期以降、ゆうちょ銀行を含む。
（注2）　国庫短期証券は、2008年第4四半期までは政府短期証券の残高、2009年第1四半
　　　　期以降は国庫短期証券および統合発行前に発行された政府短期証券の残高。
（出所）　日銀「資金循環統計」

　部門は50、取引項目は57に分けられており、日銀が表形式で公表している
フォーマットでは、横軸が部門、縦軸が取引項目のマトリックスとなってい
る。

　伝統的なオンバランスの金融取引（預金、資金貸借、有価証券、貿易金融、
保険・年金など）が網羅されている。金融派生商品（デリバティブ取引）は、
金利・通貨の店頭取引を対象としたフォワード系の取引と債券・金利・株価
などのオプション取引を対象に、時価価値を計上している。

　伝統的な金融取引のなかでは、保証取引が住宅ローンの保証のような小口
化・定例化された「定例保証」以外は対象になっていない。

　マトリックスの対象となっている金融取引は、「金」の例外を除いて必ず
受け取る部門（金融資産サイド）と支払う部門（金融負債サイド）に同額で計
上されている。

　資産サイド、負債サイドとも取引項目の名称は同じで、たとえば貸出は資
産サイドにあればその部門がもつ貸出金額、負債サイドではその部門の借入
金額となり、負債サイドの債務証券や投資信託受益証券、株式等は発行額を
表している。住宅ローンであれば、金融機関部門の資産サイドと家計部門の
負債サイドに同じ住宅貸付の項目名で計上されている。

　後述する「【原理1】誰かの金融資産は誰かの金融負債」であるので、全

部門合計では項目ごとの資産サイドの金額と負債サイドの金額は一致する。これはストック、フロー、調整額とも同様である。たとえば、住宅貸付の全部門合計は資産サイドと負債サイドいずれも2021年3月末のストックで192兆円、2020年度年間のフローで＋6兆円、調整金額でゼロと一致する。

唯一の例外が「うち金・SDR等」であり、金については、通貨当局の資産ではあるが、対応する負債が存在しないため、ストック表では、日銀と中央政府の資産としてのみ計上され、いずれの部門にも金融負債は計上されていない。「金」が他の項目と同じように取り扱われていれば全部門合計に差額は生じないが、この特殊な処理により全部門合計の金融資産・負債差額と調整差額に値が残っている〔注2〕。

マトリックスは一般的なバランスシートと異なり、金融資産・負債だけを対象にしており、実物資産などは対象にしていない。このため個別の経済主体レベルでも、そのカテゴリーごとの集計値である部門でも、資産の合計と負債の合計は一致しない。この差額を表す項目を負債サイドにつくり資産の合計金額と負債の合計額を一致させている。

マトリックス上では、ストックの差額を金融資産・負債差額、フローの差額を資金過不足、調整額の差額を調整差額としている。負債サイドに設定されていることから資産超過の部門はプラスの値、負債超過の部門はマイナスの値にして資産の合計と負債の合計を一致させている。

各経済主体においてもまた経済主体のカテゴリーごとの集計値である部門においてもフローの差額金額である資金過不足は、金融元本取引（資金の貸借、債券や株などの有価証券の売買、外貨の売買、その他金融資産・金融商品の売買など）では発生せず、非金融元本取引（財・サービスの売買、不動産など非金融資産の売買、賃金の受払い、納税、利子配当の受払いなど）で発生する。したがって、ある期間の各部門の資金過不足額は、その期間の各部門の非金融元本取引金額の累積額をネットアウトした金額となる。

調整差額はストックの残高としての金融資産・負債差額の変化額と、フローの資金過不足との乖離額であり、主に時価変動による変化額を示している。すなわち、「ある部門の今期調整差額＝（今期金融資産・負債差額−前

期金融資産・負債差額）－今期資金過不足」であり、また「（今期金融資産・負債差額－前期金融資産・負債差額）＝今期資金過不足＋今期調整差額」である。したがって、ある部門の金融資産・負債差額は非金融元本取引の累積額と主に時価変動による変化額の累積額の合計となる。

　ある期間の資金過不足がプラスの部門は、その期間の非金融元本取引で受け取った金額のほうが支払った金額よりも大きい状態（貯蓄超過）を表す。

　金融資産・負債差額がプラスの部門は金融資産負債の時価差額がプラス（ストックとして貯蓄超過、資産超過）で、これは過去からの資金過不足の累積値と保有している金融資産負債の時価変動の累積値の合計がプラスであることを示す。

　〔注２〕「金」は、ストック上には負債サイドはつくっていない。趣旨は不明であるがフローと調整表上は海外部門の負債サイドの「うち金・SDR等」に「金」も含まれており、そこにフロー上は資産サイドのフロー金額と同額を、調整表上はフローの金額の逆符号の金額を表示している。この結果、全部門合計の金融資産・負債差額には「金」と同じ残高が、資金過不足にはゼロが、調整差額には「金」の前期末残からの変化額が残っている。

●ストックとフローの金額の推計

　ストックの金額は、原則時価ベースで、可能な限り時価を推計している。

　たとえば、国債の場合、各部門が保有する国債の額面金額合計を登録国債や振決国債の業態別保有残高などを使ってまず推計し、額面金額合計に額面金額総額と時価総額の比率である１個の市場価格インデックスを乗じて算出している。したがって各部門が保有する銘柄には関係なく額面金額で一律に時価が推計されている〔注３〕。

　フローの金額は額面金額の前期末と当期末の差額としている。

　株式については、残高（ストック）、取引額（フロー）を別々に推計しており、主体別の保有額（ストック）は、株式保有者の分布状況に関する統計をもとに、各部門の残高が推計されている。

　取引額（フロー）の推計では、新規発行株式と既存の株式の売買を区別して推計し、既存分の取引額は取引所の主体別売買額データ（「投資部門別株式

売買代金」「投資部門別売買状況」）をもとに、部門別の売買額を推計している。

　前期末の保有額に当期の取引額を加算した金額と当期末の推定した保有額の差額を調整額としている。

　また、市場価格がない貸出は、

　　残高（ストック）＝財務諸表上の貸出残高－個別貸倒引当金残高

　　取引額（フロー）＝当期の直接償却・個別貸倒引当金取崩前残高－前期
　　　　　　　　　　　の直接償却・個別貸倒引当金取崩後残高

　　調整額＝当期の財務諸表上の直接償却額＋当期の個別貸倒引当金の繰
　　　　　　入額

と、個別引当や直接償却を控除した金額を時価評価額としている。

　〔注3〕したがって、各部門が保有する国債の銘柄構成が国債全体の銘柄構成と
　　　　乖離すると推計される時価も乖離する。ちなみにマトリックス上の中央銀行
　　　　の保有する国債の時価総額は日銀が公表している保有時価総額と一致してお
　　　　り、マトリックス上で1行で独立した部門の中央銀行（日銀）は、上記推定
　　　　値は使用せず実額を使用しているとみられる。

●調整金額

　今期末の残高＝前期末の残高＋フロー金額＋調整金額となるように調整金額を算出している。残高は時価ベース、フロー金額は当期の取引によるネットの増減金額であるため、調整金額の大半は時価の変動によるものである。

　取引額（フローの金額）は、当期に決済された売買金額や取引金額を計上しており、売買金額は約定時の時価だけをベースにしているため、いわゆる実現損益はフローの金額からは分離されず、調整金額のなかに含まれることになる。すなわち、調整金額はいわゆる評価損益だけではなく、期間中の実現損益も含んだ金額となる。その他、国債のようにフローの金額を額面金額ベースで計上していると額面金額と取引金額との差額も調整金額に含まれることになる。

●国内非金融部門

　図表1－3にあるとおり、国内非金融部門（非金融法人企業、一般政府、家

図表１－３　国内非金融部門のマトリックス

国内非金融部門	資産		
	2020/3末 ストック	20年度 フロー	20年度 調整
1 現金・預金	1,413	133	0
2 貸出	87	1	－1
3 債務証券・投資信託受益証券	203	9	16
4 株式等	613	3	162
5 保険・年金・定型保証	530	5	8
6 対外投資	418	16	36
7 その他	368	9	－3
8 差額			
9 合計	3,631	176	217

（注１）　以下特に断りのない限り使用したマトリックスは2021年９月公表の2020年度確報
（注２）　項目のうち「６対外投資」は対外直接投資、対外証券投資、その他対外債権債
　　　　　預け金、企業間貿易信用、未収・未払金、およびその他、「８差額」は金融資産・

計、対家計民間非営利団体）が保有する金融資産合計は2021年３月末で4,025兆円である。2020年３月末に比べて394兆円が増加しており、その内訳は176兆円が１年間の金融取引と資金決済による増加（フローによる増加）、217兆円が主に時価の変動による増加（調整による増加）である。時価の変動による増加217兆円のうち162兆円は株式等の時価増加による。

　負債サイドをみると、差額の項目を設け資産サイドと合計を一致させている。2021年３月末で差額はプラスの197兆円で、国内非金融部門は金融負債に比べて197兆円多く金融資産を保有していることになる。

　負債サイドも時価表示されており、債務証券や投資信託受益証券（国債は債務証券に含まれる）は2020年度の１年間に発行と償還によるフローで85兆円増加し、時価の変動により13兆円評価額が減少し、時価残高は2020年３月末の時価残高から72兆円増加している。株式等は新規の発行から自社株買い等の償却を差し引いたネットのフローにより４兆円増加し、株価上昇により278兆円増加した。株式等は他の負債項目と異なり支払期限がない資本部分で、時価変動による残高の変動の意味については後述する。

| 2021／3末 ストック | 負債 | | | |
	2020／3末 ストック	20年度 フロー	20年度 調整	2021／3末 ストック
1,546				
86	992	56	−5	1,043
229	1,206	85	−13	1,278
778	838	4	278	1,120
542	28	−1	−4	23
469	3	0	−0	3
374	345	19	−3	361
	221	13	−37	197
4,025	3,631	176	217	4,025

と2021年第2四半期速報。
務、「7その他」は財政融資資金預託金、金融派生商品、雇用者ストックオプション、
負債差額、資金過不足および調整差額のそれぞれ合計。

　国内非金融部門のネットの金融資産超過額、つまり差額は2020年3月末の
221兆円から2021年3月末197兆円と24兆円減少しているが、これは1年間の
金融取引、資金決済（フロー）では13兆円増加し、時価変動等の調整で37兆
円が減少しているためで、時価変動等による調整は負債サイドの株式等の増
加額が資産サイドの保有株式等の増加額よりも大きいことが主因である。負
債サイドの発行株式等の評価額増によりネット金融資産が減少することには
違和感があるがこれについても後述する。

　フローの差額、すなわち資金過不足は、金融元本取引（資金の貸借、債券
や株などの有価証券の売買、外貨の売買、その他金融資産・金融商品の売買など）
では発生せず、非金融元本取引（財・サービスの売買、不動産など非金融資産
の売買、賃金の受払い、納税、利子配当の受払いなど）で発生する。国内非金
融部門の2020年度1年間の資金過不足が＋13兆円であったことは、この部門
全体をネットアウトしてみると1年間の非金融元本取引で金融資産が13兆円
増加したことを意味し、2020年度は13兆円の貯蓄超過であったことを示して
いる。

国内非金融部門を構成する家計、非金融法人企業、一般政府、対家計民間非営利団体のそれぞれの部門のマトリックスを確認してみると次のようなことがわかる（図表1－4）。

① 家計部門は大幅な金融資産超であり、最終的な資金余剰部門である。

　2020年度はフローの資金過不足が50兆円の大幅な資金余剰であることに

図表1－4　家計、非金融法人企業、一般政府、対家計民間非営利団体のマトリッ

家計	資産		
	2020/3末 ストック	20年度 フロー	20年度 調整
1 現金・預金	1,000	57	－
2 貸出	0	0	
3 債務証券・投資信託受益証券	89	3	18
4 株式等	147	－2	64
5 保険・年金・定型保証	527	4	8
6 対外投資	21	－2	3
7 その他	32	－3	－0
8 差額			
9 合計	1,817	58	93

非金融法人企業	資産		
	2020/3末 ストック	20年度 フロー	20年度 調整
1 現金・預金	290	42	－0
2 貸出	62	3	－1
3 債務証券・投資信託受益証券	35	5	－0
4 株式等	311	2	78
5 保険・年金・定型保証	3	1	－
6 対外投資	161	12	1
7 その他	281	6	－3
8 差額			
9 合計	1,143	71	74

加え、保有している株式等の評価増によりネットの金融資産は144兆円の
増加となった。

② 　非金融法人企業部門のフローの資金過不足は2020年度は11兆円の資金余
剰であり、法人企業部門が潤沢な資金を抱えている近時の状況が継続して
いることがわかる。新型コロナウイルス感染拡大の影響に対応して資金調

クス

（単位：兆円）

2021/3末 ストック	負債			
	2020/3末 ストック	20年度 フロー	20年度 調整	2021/3末 ストック
1,057				
0	336	9	−1	344
110				
210				
538				
22				
29	18	−1	−0	17
	1,462	50	94	1,606
1,968	1,817	58	93	1,968

2021/3末 ストック	負債			
	2020/3末 ストック	20年度 フロー	20年度 調整	2021/3末 ストック
332				
64	487	48	−5	530
40	99	8	4	111
391	810	3	278	1,092
4	28	−1	−4	23
173	0	0	−0	1
283	278	1	−2	277
	−559	11	−198	−746
1,287	1,143	71	74	1,287

一般政府	資産		
	2020/3末 ストック	20年度 フロー	20年度 調整
1 現金・預金	83	30	0
2 貸出	22	−2	−
3 債務証券・投資信託受益証券	70	0	−1
4 株式等	151	3	18
6 対外投資	236	6	32
7 その他	53	6	0
8 差額			
9 合計	614	43	49

対家計民間非営利団体	資産		
	2020/3末 ストック	20年度 フロー	20年度 調整
1 現金・預金	40	4	−
2 貸出	3	0	−
3 債務証券・投資信託受益証券	9	0	−1
4 株式等	4	0	2
7 その他	2	0	−
8 差額			
9 合計	58	5	1

（注）　対家計民間非営利団体とは家計に対して営利を追求しないかたちのサービスを提供
　　　ち、家計に対する非営利性のサービスを提供する法人である。

達を大幅に増加させ、それが現預金に滞留している。11兆円の資金余剰と
株式等の時価評価増による調整金額の−198兆円を合わせてネットの金融
負債は559兆円から746兆円と187兆円拡大している。法人企業部門の大幅
な金融負債超過は負債サイドの株式等の評価増によるものでこれについて
は後述する。

③　一般政府（構成は中央政府、地方公共団体、社会保障基金）のフローは継
続的に資金不足であり、特に2020年度は新型コロナウイルス感染症対策の
ための国債を中心とした負債増加とその費消により51兆円の大幅な資金不

2021／3末 ストック	負債			
	2020／3末 ストック	20年度 フロー	20年度 調整	2021／3末 ストック
113				
19	154	−2	−	152
69	1,107	77	−16	1,168
171	14	1	−	15
274	2	−0	0	2
59	47	19	−0	65
	−710	−51	65	−696
706	614	43	49	706

2021／3末 ストック	負債			
	2020／3末 ストック	20年度 フロー	20年度 調整	2021／3末 ストック
43				
3	15	1	−0	16
9				
6	13	−	−	13
2	2	0	−	2
	27	3	1	32
63	58	5	1	63

する機関で、学校法人、社会福祉法人、宗教法人や民法上の社団法人、財団法人のう

足となった。ネットの金融負債は保有資産の評価増により14兆円減少して696兆円となっている。

●金融機関

金融機関は、7つの大部門（中央銀行、預金取扱機関、証券投資信託、保険・年金基金、その他金融仲介機関、非仲介型金融機関、公的専属金融機関）、その下に合計31個のサブ部門から構成されている。

金融機関は金融仲介機能が主体であり、金融元本取引が取引の大宗を占め

図表1－5　金融機関のマトリックス

金融機関	資産		
	2020/3末 ストック	20年度 フロー	20年度 調整
1 現金・預金	641	142	0
2 貸出	1,530	85	－2
3 債務証券・投資信託受益証券	1,308	108	10
4 株式等	176	4	60
5 保険・年金・定型保証	26	－0	－6
6 対外投資	409	17	47
7 その他	160	17	7
8 差額			
9 合計	4,251	372	116

ることから資金過不足は金融資産規模に比して小さい。

　金融機関のなかで中央銀行を含む銀行が負債サイドに現金・預金をもち決済手段を供給している。マトリックス上の取引項目で決済手段は現金、日銀預け金、政府預金、流動性預金の4種類で前3者が中央銀行（日銀）、流動性預金は一般の銀行（預金取扱機関）が負債として供給している。

　7つの大部門のうち中央銀行は日銀のことで、2020年度はフローで資産サイドの貸出が52兆円、債務証券・投資信託受益証券が57兆円の増加、負債サイドは貸出が24兆円、対外投資が25兆円の減少と現金・預金の158兆円の増加という顕著な増減があった。中央銀行以外でも2020年度は新型コロナウイルス感染拡大の影響で預金取扱機関のフローおよびその他金融仲介機関（公的金融機関）のフローで貸出と債務証券を中心に大きな増加があった。具体的な内容については第7章「新型コロナウイルス感染拡大の影響」で詳述する。

●海　　外

　マトリックスは国内で計上されている金融資産・負債を対象にしている。「【原理1】誰かの金融資産は誰かの金融負債」となっており、その両者とも

（単位：兆円）

| 2021/3末 ストック | 負債 | | | |
	2020/3末 ストック	20年度 フロー	20年度 調整	2021/3末 ストック
783	2,041	273	0	2,314
1,613	657	50	2	708
1,426	495	54	39	589
240	142	5	25	172
20	529	5	6	540
473	70	−24	2	47
184	176	4	9	189
	142	5	33	180
4,739	4,251	372	116	4,739

　国内の場合は、マトリックスの対象となり項目ごとの資産金額と負債金額は一致する。

　しかし、たとえば非金融法人企業が外国国債（項目名は対外証券投資）を保有するような場合、非金融法人企業（国内）の金融資産は外国政府の金融負債に当たるため、国内の金融資産・負債だけを対象にすると資産サイドと負債サイドの合計は一致しない。これを一致させるために「海外」という便宜上の部門をつくり、国内からみた対外金融資産を金融負債に、国内からみた対外金融負債を金融資産に計上している。上記の例では、非金融法人企業の金融資産の対外証券投資と海外の金融負債の対外証券投資に同額が計上されることになる。この結果、海外部門も含めた全部門合計では、各項目の金融資産金額と金融負債金額は一致する（正確には「金」を除いて一致する）。海外部門とそれ以外の国内部門とに分けた場合、国内部門のもつ金融資産と金融負債の差額が海外部門がもつ金融負債と金融資産の差額に一致する（同）。

　また、ある期間の国内部門の資金過不足金額は、その期間の非金融元本取引による資金の受払いの差額を表し、プラスの場合は国内の貯蓄超過の状態、マイナスの場合は貯蓄不足の状態を表している。これは定義上、国際収

支統計の経常収支＋資本移転等収支〔注4〕と同じであり、マトリックスでは国内部門の資金過不足額を国際収支統計の経常収支＋資本移転等収支の金額にあわせている。ストックの金融資産・負債差額は対外資産負債残高統計の純資産総額を採用している〔注5〕。

　以上を整理すると、国内部門合計のある期間の資金過不足は、その期間の国内全体の貯蓄超過・不足の状態を表し、プラスの場合は国内全体で貯蓄超過、マイナスは貯蓄不足を表す。これを海外部門でみると符号が逆転し、マイナスの場合が国内の貯蓄超過を表す。

　国内全体のストックの金融資産・負債差額のプラスは対外純資産残高を表し、海外部門でみると金融資産・負債差額がマイナス（＝金融負債超過）で表される〔注6〕。

　なお、マトリックスのデータでは、国内部門合計は提供されておらず国内非金融部門と金融部門を合算する必要がある。

　2020年度末の状況は、海外部門の金融資産合計＝国内部門の対外金融負債合計が826兆円、海外部門の金融負債合計＝国内部門の対外金融資産合計が1,198兆円、金融資産と負債の差額は－372兆円で、海外部門が負債超過であり、これは国内部門が372兆円の対外資産超過であることを示している。

図表1－6　海外部門のマトリックス

海外	資産		
	2020/3末 ストック	20年度 フロー	20年度 調整
1 現金・預金	10	0	0
2 貸出	216	2	3
3 債務証券・投資信託受益証券	189	22	1
4 株式等	191	1	82
6 対外投資	72	－24	2
7 その他	58	2	－0
8 差額			
9 合計	736	2	87

F 外貨準備

海外部門の負債超過額＝国内部門の資産超過額は、2020年度に13兆円増加している。このうちフローによるものが18兆円、対外投資（海外部門の負債）と対内投資（同資産）の時価変動による評価増の違いによる減少額が5兆円である。

　フローの差額すなわち海外部門の−18兆円は国際収支統計上の経常収支＋資本移転等収支の＋18兆円と一致する。

　外貨準備は国内部門がもつ対外資産のなかで公的機関が外貨準備として保有している資産で、参考値として海外部門の負債サイドに内数で表示されている。主なものは中央政府と中央銀行が保有する対外証券投資と外貨預金で、海外部門では負債サイドの対外証券投資（図表1−6では対外投資に合算）と現金・預金のなかに計上されている。

〔注4〕　経常収支の定義は以下のサイトを参照のこと（http://www.mof.go.jp/international_policy/reference/balance_of_payments/term.htm）。なお、以降は「国内部門（海外部門）の資金過不足は経常収支と一致している」と省略して記述する。

〔注5〕　海外部門の金融資産負債の差額と資金過不足は、資産サイド・負債サイドの各項目の推計値合計の差額ではなく国際収支統計の数値を計上している。この結果生じる不突合は負債サイドのその他対外債権債務の項目で調整

（単位：兆円）

2021/3末 ストック	負債			
	2020/3末 ストック	20年度 フロー	20年度 調整	2021/3末 ストック
11	23	2	0	25
220	185	−19	2	169
212				
274				
50	822	33	82	937
59	65	4	−3	67
	−359	−18	5	−372
826	736	2	87	826
	148	1	2	152

している。

〔注6〕 日本の対外純資産残高は、仮にグローバルなマトリックスを想定し各国を部門とした場合の日本国部門の金融資産・負債差額に該当する。また、グローバルなマトリックスの全部門の金融資産・負債合計は一致し、差額はないことになる。

第 2 章

マトリックスの原理

1 【原理1】 誰かの金融資産は誰かの金融負債

1つの金融取引・契約は支払う当事者と受け取る当事者があり金融負債と金融資産になる。

マトリックスは資産サイドも負債サイドも同じ項目名を使用。各項目の資産合計と負債合計は「金」を除いて同額。

ほとんどが金融取引である金融機関はほぼ捨象でき、非金融部門の金融負債が増加すると非金融部門の金融資産が増加する。減少すると減少する。
非金融部門とは家計、非金融法人企業、一般政府、対家計民間非営利団体および海外。

たとえば一般政府部門のネット金融負債が増加すると家計部門と非金融法人企業部門のネット金融資産が増加する。減少すると減少する。
一般政府部門のネット金融負債が不変であれば他の非金融部門（たとえば家計部門）が何回消費しても資金は他の非金融部門内を循環しネット金融資産額は不変。

●金融資産・金融負債の合計額は一致

　一般に金融資産・負債の厳密な定義は困難であるが、ほとんどの金融取引、金融契約では金銭を支払う主体とそれを受け取る主体が存在する。すなわち、金融取引・金融契約1つずつに、支払う当事者と受け取る当事者が存在し、それぞれの当事者にとっては金融負債と金融資産となる。マトリックス上では既述のとおり、「金」を唯一の例外として、他のすべての項目は1つの取引に対し、どこかの部門の金融資産サイドとどこかの部門の金融負債サイドに同時に計上されている。金融資産サイドも金融負債サイドも同じ項目名を使用していることから全部門合計では「うち金・SDR等」を除いてすべての項目の金融資産サイドと金融負債サイドの金額は一致する。これはス

トック金額、フロー金額、調整金額とも同様である。

　この点を1980年3月末から2021年3月末までの41年間のマトリックスの変化で確認してみよう（図表2-1）。これをみると、金融資産・負債の各項目は、ストックの値、41年間のフローと調整の値とも対外投資を除いて一致している。「うち金・SDR等」は対外投資に含めており、外貨準備用の金は、金融資産のみに計上され金融負債には計上していないため不一致（2021年3月末ストックで5兆円）が発生している。この唯一の例外を除いて、マトリックス上では「誰かの金融資産は誰かの金融負債」が完結していることがわかる。

　「誰かの金融資産は誰かの金融負債」を別な言葉で表現すると、「誰かが保有する金融資産が増加することは誰かの供給する金融負債が増加する」「誰かが金融負債を減少させれば誰かの保有する金融資産も減少する」ということである。このとき金融仲介を行って取引先の金融負債を別の金融負債に変換している金融機関はほぼ捨象して考えることができることから、非金融部門の金融資産と金融負債は同時に増減することになる。

　図表2-2は、金融資産・金融負債の41年間のフローの変化をみたものであるが、国内非金融部門全体では、取引により（フローにより）金融資産が2,564兆円増加している。2,564兆円の内訳は、現金預金増が1,272兆円、保険・年金・定形保証が395兆円増、対外投資475兆円増、債務証券・投資信託受益証券・株式等が231兆円増である。現金預金や保険・年金・定形保証、および投資信託受益証券などは金融機関の負債として計上されている。

　これを、フローの差額すなわち資金過不足でみると家計の資金余剰1,018兆円に対し一般政府の資金不足が773兆円あり、国内非金融部門全体では369兆円の資金余剰となっている。これに金融機関の資金余剰135兆円を合計した505兆円が国内全体の資金余剰で、41年間の経常収支額の累積黒字額と一致、海外部門で運用されている。

●金融機関の機能

　ここで、金融資産・負債の供給という観点から金融機関の機能を考えてみ

図表2－1　1980年3月末～2021年3月末のマトリックスの変化

合計	資産			
	1980/3末 ストック	41年間 フロー	41年間 調整	基準変更 調整
1 現金・預金	330	2,028	− 20	1
2 貸出	454	1,633	− 178	11
3 債務証券・投資信託受益証券	171	1,597	101	− 1
4 株式等	129	244	868	52
5 保険・年金・定型保証	43	370	51	99
6 対外投資	16	881	97	− 1
7 その他	290	199	163	− 34
8 差額				
9 合計	1,432	6,951	1,081	125

F 外貨準備

(注)　基準変更調整とは統計の作成基準が08SNAに変更になり2005年3月末ストックから
　　る。その他網掛けの部分は筆者による集計値。

図表2－2　1980年3月末～2021年3月末のフロー金額　　　　　　　（単位：兆円）

		金融資産フロー	金融負債フロー	フロー差額
	家計	1,345	327	1,018
	非金融法人企業	738	650	88
	一般政府	427	1,201	− 773
	対家計民間非営利団体	54	17	37
国内非金融部門		2,564	2,194	369
金融機関		3,786	3,651	135
国内計		6,350	5,845	505
海外		602	1,106	− 505
合計		6,951	6,951	0

たい。

　後述するが、資金過不足（フローの差額）は金融元本取引では発生せず非
金融元本取引（経常取引）で発生する。金融機関の取引の大宗は金融元本取

2021/3末 ストック	負債				
	1980/3末 ストック	41年間 フロー	41年間 調整	基準変更 調整	2021/3末 ストック
2,339	330	2,028	− 20	1	2,339
1,919	454	1,633	− 178	11	1,919
1,867	171	1,597	101	− 1	1,867
1,292	129	244	868	52	1,292
563	43	370	51	99	563
992	16	881	92	− 1	987
617	290	199	163	− 34	617
		0	5		5
9,589	1,432	6,951	1,081	125	9,589
	5	131	16		152

遡及適用されたが、それ以前の旧基準のデータと不連続になっている金額であ

引で、それは金融資産と金融負債が両建てで、もしくは金融資産どうしの交換あるいは金融負債どうしの交換で計上される。このため金融機関の資金過不足（フローの差額）は資産負債の金額に比べて非常に小さい。図表２−２でも金融資産のフロー3,786兆円に対してフローの差額は135兆円である。

　これは、金融機関は金融資産・負債の仲介業であり、大局的には金融機関が非金融部門向けの金融資産を取得するのと同時に、金融負債を非金融部門に金融資産として供給する機能を果たしていることを意味する。

　金融機関部門内での金融取引は、たとえば銀行対証券会社の取引など多数存在するが、この場合は金融機関部門内で金融資産と金融負債が完全にパラレルに計上され、他部門との金融資産・負債の関係には影響しない。つまり他部門が金融機関部門向けの金融資産・負債を保有しているときは、金融機関部門は他部門向けの金融資産・負債を同額（厳密には非金融元本取引による差額があるが）保有している。したがって、非金融部門の金融資産の増加のなかに金融機関の負債の増加が含まれていても金融機関を経由した先に非金融機関の金融負債の増加が必ず存在する。すなわち、取引により（フローに

図表2－3　フロー差額の累積額

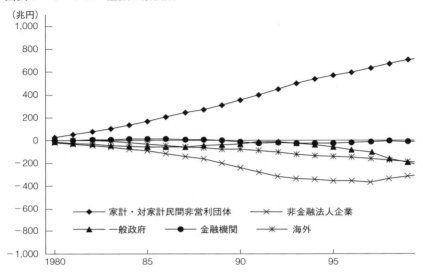

（兆円）

凡例：
- ◆ 家計・対家計民間非営利団体
- ✕ 非金融法人企業
- ▲ 一般政府
- ● 金融機関
- ＊ 海外

より）非金融部門の金融資産が増加する場合には、直接あるいは金融機関の仲介を経由して非金融部門の負債増加が必ず存在し、非金融部門の金融資産が減少する場合には非金融部門の負債が減少する。取引により（フローにより）非金融部門の金融資産と金融負債はパラレルに増減するのである。

　図表2－3は各大部門のフローの差額（資金過不足）の1980年度からの累積である。家計部門は一貫して資金余剰でネット金融資産が増加、金融機関はゼロ近辺でほぼ一定、非金融法人企業部門は1997年度まで資金不足でネット金融負債の供給サイドからその後資金余剰に転じ家計部門を凌駕する年度も多い。一般政府はほぼ一貫して資金不足でネット負債の供給サイドとなっている。海外部門は一貫して資金不足で、それはイコール国内部門合計が資金余剰でこの間一貫して経常黒字が継続していることを意味する。また、全部門の合計は常にゼロである。

　後述するが、金融元本取引では資金過不足は発生せず、非金融元本取引（経常取引）で発生することから一般政府部門の773兆円の資金不足累計は一般政府部門の非金融元本取引（経費の支払、社会保障関連の受払い、公共投資

26

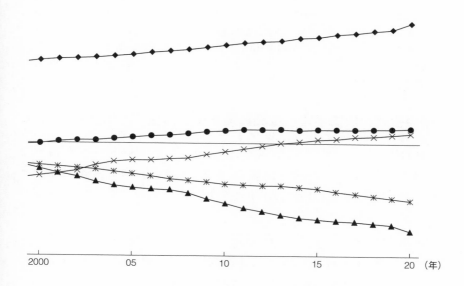

の支払、税収、利子の支払など）のネット支払い超の結果として発生し、それが家計部門と非金融法人企業部門の受取り超に結果的になっている〔注1〕。

　「誰かの金融資産は誰かの金融負債」であることから、ある部門、たとえば一般政府の金融負債がネットで減少する、すなわち一般政府が資金余剰となるには他の非金融部門の金融資産がネットで減少する。このことは他の非金融部門が資金不足になることと同義である。

　一般政府がネットで10兆円金融負債を減少させる（10兆円の資金余剰にする）ためには、他の非金融機関部門、たとえば家計の金融資産がネットで10兆円減少する、非金融法人企業部門がネットで10兆円の金融負債が増加する、海外部門がネットで10兆円資金不足（国内資金余剰、経常収支の黒字）、といったように一般政府以外の非金融機関部門合計で10兆円の資金不足となる必要がある。

　〔注1〕　部門で集計した資金過不足は部門内で過不足が相殺された後のネット金額であって、部門内では資金過剰の主体と資金不足の主体が存在する。たとえば、家計部門では、住宅ローンを借り入れて住宅を取得した資金不足（金

融負債超過）の主体と、所得や利息配当収入、不動産売却など非金融元本取引により資金余剰（金融資産超過）の主体が存在する。金融資産超過（資金余剰、貯蓄超過）の主体と金融負債超過（資金不足、投資超過）の主体では行動が異なり、金融資産超過主体内でも保有金額や年齢、所得水準などで行動が異なると考えられさまざまな要素によるセグメント分けが実務上の分析のためには必要である。

●中央銀行の決済手段と金融負債サイドの株式・出資金

　金融負債＝支払義務ととらえた場合、マトリックス上の取扱いで留意すべき項目は金融負債サイドに計上されている中央銀行（日銀）の決済手段（項目名では「現金」「日銀預け金」「政府預金」）と金融負債サイドの「株式等」である。

　中央銀行の決済手段は、最終的な決済手段でこれ以上の支払は行われないという意味で支払義務ではない。決済手段が中央銀行を含めて銀行の負債で供給されていることによる性質については後述する。

　企業・法人が発行した「株式等」はマトリックス上は金融負債サイドに時価ベースで計上されている。株式等は発行した企業や法人が存続している限り支払義務はなく、時価ベースであるため清算価値でもない。一方、金融資産は時価ベースによる経済的価値を有しており、特に上場株式は流動性（換金性）も高い。

　図表２－４は株式等の主な発行主体部門である非金融法人企業部門の41年間の変化額をみたものである。

　非金融法人企業部門では41年間で純金融資産が538兆円減少し、2021年３月末で746兆円の金融負債超過となっている。この間、取引による（フローによる）増減は88兆円の純金融資産増加であり、負債超過の増加はもっぱら時価変動を中心とした調整金額－478兆円と基準変更による調整金額－147兆円によるものである。

　負債サイドの株式等の調整金額は797兆円の増加と純金融資産の減少538兆円を上回り、負債サイドの株式等の時価の増加を除くと259兆円（＝－538＋797）と大幅に純金融資産が増加し、2021年３月末時点では51兆円（＝－746

図表2－4　非金融法人企業部門の1980年3月末～2021年3月末の変化

（単位：兆円）

	1980年 3月末 残高	2021年 3月末 残高	変化額	フロー による 差額	調整金額 による 差額	基準変更 による 差額
資産合計	296	1,287	991	738	310	－56
負債合計	504	2,033	1,529	650	788	91
純資産（資産－負債）	－208	－746	－538	88	－478	－147
負債サイドの「株式等」	107	1,092	985	180	797	8

＋797）の金融資産超過状態となっている。

　負債サイドの株式等は発行した企業や法人にとって支払義務がなく、また時価をベースとした現行の企業会計においても、資産サイド（保有した）株式等は時価計上が原則であるのに対し、負債サイドの（発行した）株式等を時価で計上することは求められていない。

　合併等の会計で負債サイドの株式等を時価評価して連結計上する場合には資産サイドに資本の帳簿価額と時価との差額をのれんとして計上するが、マトリックスでは負債サイドの株式等を時価評価しのれんを計上しない状態といえる。

　発行して調達した金額と時価評価額との差額（時価による変動部分）は、発行体にとっては自らの企業価値の変動額と考えられる。資産サイド（保有者）は価値の変動額を時価による売却で決済手段（現金預金）に交換（実現）することができるが、負債サイド（発行者）が支払うことはない。株式等は資産サイドと負債サイドでは価値の実現において大きく異なっており、部門ごとの純金融資産をみる場合には金融負債サイドの「株式等」、特にその時価による変動部分は控除してとらえる、または資産サイドにのれんを概念上加算してとらえたほうが実態に近いものと考えられる〔注2〕、〔注3〕。

　負債サイドの株式等の調整額を修正したマトリックスは図表2－5のとおりで、国内部門全体の2021年3月末の純金融資産金額は377兆円でありこれ

図表２－５　純金融資産の1980年３月末〜2021年３月末の変化

		1980年３月末 純金融資産 A	2021年３月末 純金融資産 B	変化額 C （＝B－A） （＝F＋G＋H）
	家計	210	1,606	1,397
	非金融法人企業	－208	－746	－538
	一般政府	－20	－696	－676
	対家計民間非営利団体	6	32	25
	国内非金融部門	－12	197	209
	金融機関	19	180	160
国内計		8	377	369
海外		－8	－372	－364
合計			5	5

が対外純資産額である。ただ、負債サイドの株式等の時価上昇分868兆円を
控除した修正純金融資産額は1,244兆円となる。またこの間の経常収支の累
積額（＝フローの国内部門差額累計額）が505兆円であり、経常収支の累積額
よりも株価の時価上昇の影響のほうが大きいことになる。

〔注２〕　債券や借入金などの他の金融負債もマトリックス上は時価評価されて
　いるが、負債サイド（負債者）に将来の支払義務があり、その支払金額の時
　価評価を負債サイド・資産サイドとも計上していることから資産サイドの価
　値と負債サイドの価値の差はないと考えられる。
〔注３〕　既述のとおり調整金額にはいわゆる実現損益も含まれるため、自社株
　の買入消却を行うと厳密には調整金額累計とのれんとは乖離すると考えられ
　る。

●純金融資産額

　図表２－６は1980年３月末〜2021年３月末までの国内部門純金融資産額と
修正純金融資産額の推移を示したものである。純金融資産額は経常収支の黒

負債サイドの株式等調整金額累計 D	修正純金融資産額 E = B + D	フローによる差額累計 F	調整金額による差額累計 G	基準変更による差額 H
	1,606	1,018	252	127
797	51	88	−478	−147
4	−691	−773	62	35
	32	37	−4	−7
801	998	369	−168	7
66	246	135	31	−6
868	1,244	505	−137	1
	−372	−505	142	−1
868	873	0	5	

字額の累積に沿って安定的に増加しているのに対し修正純金融資産額は株価の変動に伴い大きく変動していることがわかる。サブプライムローン問題、リーマンショック後の株価下落により大きく減少後、2012年度以降の株価上昇により修正純金融資産は急増したが、2020年3月末は新型コロナウイルス感染拡大により大きく減少、その後2021年3月末には過去最高値になっている。

　41年間の対外純資産の増加額369兆円は、国内部門のフロー差額累計505兆円と国内調整金額差額累計−137兆円（図表2−5のG列）からなるが、−137兆円の主な要因は、海外から国内株式への運用による株式等の調整額累計163兆円と対外投資差の国内サイドのプラス43兆円、および国内から海外への貸出の減価分34兆円である。

　1989年度以降フローの差額（経常収支）の累計値よりも対外純資産の増加が下回る状況が続いているが要因は上記と同様である。海外部門からみた各年度の調整差額とTOPIXと円ドルレートの年度末間の変化率は図表2−7

図表2－6　1980年3月末〜2021年3月末の修正国内純金融資産推移

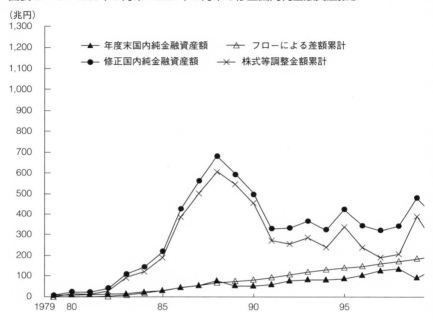

図表2－7　市況変化と海外調整差額

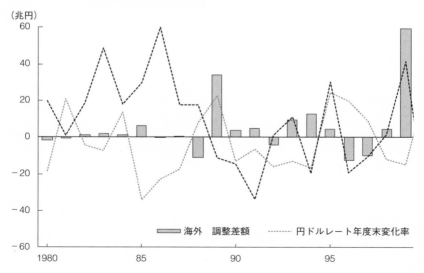

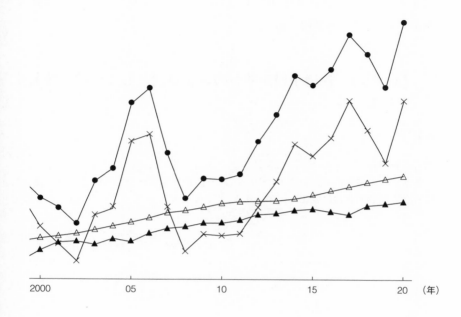

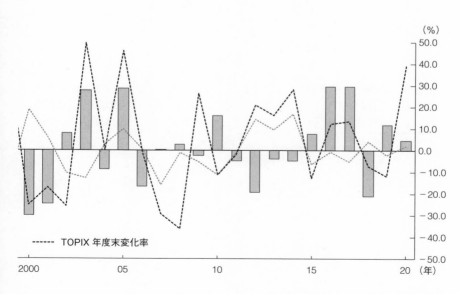

----- TOPIX 年度末変化率

のとおりである。TOPIXの年度間変化率がプラスの場合は海外の調整差額がプラス（国内計はマイナス）、為替レートがドル高円安の場合は海外の調整差額がマイナスとなる傾向がある。

2 【原理2】 決済手段が銀行の金融負債として供給・計上されている

一般銀行

| 銀行以外の経済主体間でどんな取引を行っても、銀行以外の経済主体が保有する預金の総額は変化しない。 | → | 銀行全体では、資産の増加に対して自動的に調達がなされいくらでも資産を拡大できる。 |

| 銀行は貸付など資産の取得の支払を自行の預金で決済する。 | ⬆ | ⬆ 個別の銀行では、他行に自由に送金できたり、預金から現金に払い出せるため、信用力を超えて規模を拡大することはできない。また自己資本比率規制などにより資産規模には強い制限がある。 |

日銀

| 日銀以外の経済主体間でどんな取引を行っても日銀の負債である決済手段の総額は変化しない。 | → | 原理上はいくらでも資産を増加させることができるすなわち、"無制限のバランスシート拡大能力"をもつ。 |

| 日銀との取引の決済はすべて日銀の負債で行う。 | ⬆ | ⬆ 規模の制限はない。負債の条件（相手、金利、期間など）は独自に設定できる。 |

●経済主体の決済手段総額は変化しない

日本円の決済手段[注4]はマトリックス上の項目では、①現金、②流動性預金、③日銀預け金、④政府預金の4項目に分類され、負債サイドでは①③④が「中央銀行」（日銀）、②が「銀行等」（中央銀行を除く一般銀行）の部門に計上されている。

決済手段が銀行の金融負債として供給・計上されていることは、以下のような性質をもつ。

第一に、銀行以外の経済主体間でどのような取引を行っても、銀行以外の経済主体が保有する決済手段の総額は変化しない（【原理2−1】）。

第二に、一般銀行（日銀以外の銀行）全体では、資産の増加に対して自動的に調達がなされる。資産を減少させると並行して調達も減少する。一般銀行の調達の中心が、金融負債として供給している決済手段の流動性預金とそれから変換される定期預金などが中心であることから、「一般銀行全体では、資産の増加に対して自動的に預金が発生する。資産を減少させると並行して預金も減少する」「預金は一般銀行が資産を増加させると増加し、減少させると減少する」ということである（【原理2−2】）。

これは、原理的には、一般銀行全体ではいくらでも資産を増加させることができるということを意味するが、個別の銀行では、預金者が他行に自由に送金できたり、預金から現金に払い出せるため資金流出のリスクがあり、信用力を超えて規模を拡大することはできず、また自己資本比率規制などの規制により資産規模にはおのずと上限がある。

第三に、日銀以外の経済主体間でどんな取引を行っても日銀の負債である決済手段の総額は変化しない（【原理2−3】）。

第四に、日銀は、日銀との取引の決済をすべて日銀の負債で行うことから、原理上はいくらでも資産を増加させることができる。すなわち、無制限のバランスシート拡大能力をもつ（【原理2−4】）。

〔注4〕 決済手段とは支払（決済）ができること、第三者に送金できること（送金には口座振替を含む）である。

●決済が銀行の金融負債で行われることのマトリックス上の意味

【原理2】の前提として、決済が銀行の金融負債で行われることについてマトリックスを交えて検討する。

金融取引に限らず、動産・不動産の売買、サービスの提供などの支払は、ほぼすべてが①現金、②口座振替や送金、手形・小切手の取立て、カード決済などを通じて銀行の流動性預金で行われる。これらに加えて、日銀に開設された、③銀行間の決済手段として当座預金（日銀預け金）、④中央政府の決済手段として政府預金が存在し、マトリックス上はそれぞれ、現金、流動性預金、日銀預け金、政府預金の4項目に分類されている[注5]。

マトリックス上、国内非金融部門（家計、政府、非金融法人、非営利団体）と海外部門の決済手段はすべて資産サイドにあり、負債サイドにはない。国内非金融部門は日銀預け金を保有しておらず、政府預金は一般政府のなかでも中央政府だけが保有している。中央政府は現金、政府預金、流動性預金の3項目を資産サイドに保有している。

非金融法人企業と家計、民間非営利団体、および地方公共団体は現金と流動性預金の2種類を保有している。

金融機関合計では決済手段の項目は資産サイド、負債サイドに計上されている。

中央銀行（日銀）の日本円の決済手段はすべて負債サイドにあり、資産サイドにはない。3種類の負債を決済手段としてもち、うち現金は紙幣（日銀券）116.0兆円と貨幣（コイン）5.0兆円（2021年3月末）で、民間をはじめ日銀以外のすべての経済主体が金融資産として保有している。

流動性預金を金融負債として供給している主体は一般銀行である。

日銀預け金を資産として保有する金融機関は一般銀行のほかに証券会社や短資会社を含むその他金融仲介機関と預金保険機構を含む非仲介型金融機関である。

以上の決済システムの構造を図解すると図表2−8のようになる。

図表2－8　決済システムの構造

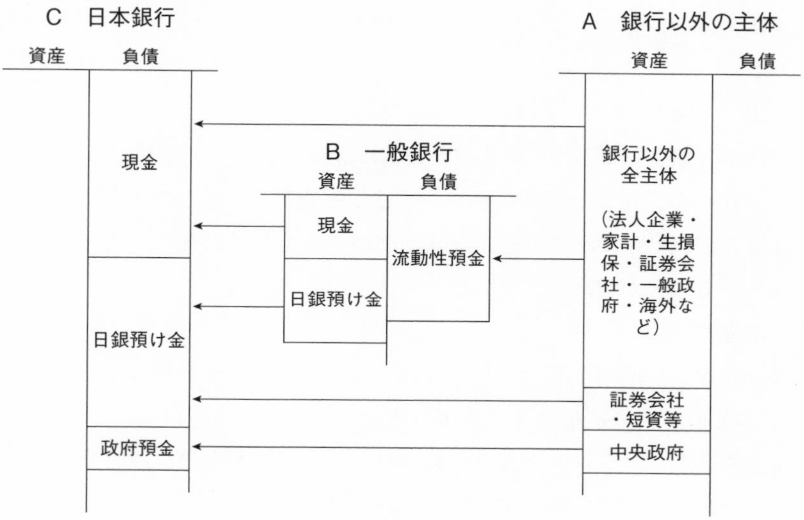

　日本円の決済システムの構造からみると、経済主体は以下の3つに分類できる。

A　銀行以外のすべての主体

　決済手段を金融資産として保有する主体で、銀行以外のすべての主体が該当する。すなわち、家計（個人）、銀行以外の企業・法人でこれには生損保や証券会社などの預金を取り扱わない金融機関や中央政府を含む一般政府や海外なども含まれる。

B　一般銀行

　マトリックス上、「銀行等」に分類されている金融機関で、国内銀行、在日外銀、農協などの農林水産金融機関、信用金庫や信用組合やゆうちょ銀行などの中小企業金融機関等である。決済手段を流動性預金（普通預金や当座預金など）のかたちで金融負債として、日銀を除くすべての経済主体に供給している。同時に、金融資産として現金および日銀預け金を保有している。

C　日銀（マトリックス上は中央銀行）

　決済手段を金融負債としてのみ供給し、資産には決済手段はない〔注6〕。

すなわち、すべての取引の支払は自行の負債で行われることになる。

決済手段の種類は、以下の4種類がマトリックス上の項目で分類されている。

① 現　　金

日銀券と貨幣（コイン）があり、貨幣は国が発行主体で厳密には日銀の負債ではないが、便宜上マトリックスでは中央銀行（日銀）の負債に計上している。日銀以外のすべての経済主体が金融資産として保有し、法的に無制限に通用することが定められている。

② 流動性預金

普通預金、当座預金等で、銀行以外の経済主体が一般銀行に預金口座を開設し、支払の決済に用いる。家計（個人）や企業、法人はもとより、生損保、証券会社、ノンバンクなどの銀行以外の金融機関や中央政府を含む一般政府、海外など銀行以外のすべての主体が決済手段として保有している。

③ 日銀預け金

一般銀行や証券会社、短資会社などの金融機関が日銀に開設した当座預金で、金融機関どうしの決済を行っている。都市銀行、地方銀行、外銀支店、信用金庫、農林中金、信用金庫連合会、信用協同組合連合会などの預金を取り扱う金融機関や有価証券を取り扱う証券会社、短資会社などが開設している。

金融機関のなかでも、重要な機関投資家である生命保険、損害保険、年金基金、投資信託、ノンバンクなどは日銀預け金を保有しておらず、決済手段は他の法人と同様、一般の銀行に開いた流動性預金と現金の2種類である。有価証券を取り扱う証券会社や銀行間取引を仲介する短資会社などに限り、決済手段として流動性預金、日銀預け金、現金の3種類を保有する。

非居住者の金融機関、たとえば外銀のロンドン拠点が日本円の取引を行う場合には、日本円の銀行間決済は自行の日本支店を通じて日銀預け金で行うか日本の銀行に流動性預金口座（いわゆるコルレス口座）を開設し、その銀行に委託して決済している。これは、銀行間の資金決済は日銀ネットと全銀ネット（全国銀行内国為替制度）と呼ばれる専用回線で結ばれた巨大なシス

テムで運営されており、このシステムに接続するためには事実上日本に拠点がなければならないためであると考えられる。

　日本円の最終的な決済は日銀の預け金で行われ、その参加者は居住者に限られているため、日本円の決済の大部分は日本国内で行われ、しかも東京で行われている。この意味で金融市場では「日本円は東京にしかない」といわれている。同様に、ドルはニューヨークにしかなく、ポンドはロンドンにしかない。

④　政府預金

　中央政府が日銀に開設している決済口座で、国税や社会保障料などの資金の受入れ（歳入金）や公共事業費や年金など政府から支払われる資金（歳出金）の決済をもっぱらここで行う。中央政府は、この政府預金と一般の銀行に開設した流動性預金、および現金の３種類の決済手段をもつ。地方公共団体など中央政府以外は、一般法人と同様、流動性預金と現金の２種類の決済手段をもつ。

◆補論(1)

　【原理２−１】「銀行以外の経済主体間でどんな取引を行っても、銀行以外の経済主体が保有する決済手段の総額は変化しない」

　【原理２−２】「一般銀行（日銀以外の銀行）全体では、資産の増加に対して自動的に調達がなされる。資産を減少させると並行して調達も減少する」について

　銀行以外の経済主体は、決済手段は金融資産として保有し、銀行以外の経済主体間の取引の支払は、保有している決済手段を移転させて行う。すなわち、保有者が変わるだけで保有する決済手段①〜④の合計金額は変化しない。決済方法としては、現金による振込み（①から②への交換）など決済手段の変更を伴う移転はあるが、銀行以外の経済主体が保有する決済手段の合計金額は変化しない。新たに決済手段を増加あるいは減少させるためには、

決済手段を負債として供給している銀行との取引が必ず必要となる。

　銀行以外の経済主体と銀行が取引をすることで流動性預金がどのように変化するかを整理すると、以下の５パターンに分けられる。

Ⅰ　銀行資産の増減・売買の決済としての流動性預金

　銀行以外の一般法人・企業や家計は決済手段を資産としてもち、さまざまな物やサービスや金融資産などを購入する際には決済手段と交換して支払う。すなわち、購入するときにはあらかじめ決済手段を保有しているか、新たに調達しなければならない。

　これに対し、銀行が顧客に対し貸出の実行（資産の増加）や、取引先から債券の購入（資産の増加）をする場合、その支払の決済は、通常その顧客が保有する当該銀行の流動性預金で行う。

　たとえば、銀行は貸出を実行し、その資金を顧客の普通預金に入金することで決済する。貸出の実行により銀行の資産が増加するが、同時に負債（流動性預金）も増加することから資産の増加に対して資金を新たに調達する必要はない。取引先から、債券を購入する場合も同様に自動的に調達される。金融資産の増加に限らず、実物資産の購入、たとえば土地を取引先から購入し、その決済を自行の流動性預金で行っても同様である。

　したがって、自行の負債で決済される限り自動的に資金調達され、理論的にはいくらでも資産を増加させることができる。これが、一般法人・企業や家計など銀行以外の部門と大きく異なる点である。

　貸出の返済、債券の取引先への売却、その他の資産の売却ではこの逆が起こり、資産売却の資金決済を流動性預金（負債）の回収で行うため資産負債が両建てで減少する。

Ⅱ　異なる銀行の流動性預金間の移転

　銀行振込み、たとえば企業がＸ銀行の流動性預金をＹ銀行の流動性預金口座に送金する例が典型的であり、Ｘ銀行とＹ銀行の流動性預金残高は移転によって変更されるが、Ｘ銀行とＹ銀行の流動性預金合計額に変化はない。このとき、Ｘ銀行とＹ銀行間の資金決済は、日銀預け金の振替え（Ｘ銀行の保有残高減少とＹ銀行の保有残高増加）によって行われるが、日銀預け金の総額

は同様に変化しない。

Ｙ銀行は資産に日銀預け金、負債に流動性預金が増加しバランスシートが拡大する。Ｘ銀行は資産の日銀預け金、負債の流動性預金が減少し、バランスシートが縮小する。

Ｘ銀行の日銀預け金の減少は資金不足、Ｙ銀行の日銀預け金増加は資金余剰となるため銀行間の資金貸借取引でＹ銀行からＸ銀行へ短期間の貸出が行われ、日銀預け金がＹ銀行からＸ銀行へ振り替わり日銀預け金は元の状態に戻る。

このように、銀行間の資金取引で一般銀行全体のバランスシートは変動するが、銀行以外の経済主体がもつ流動性預金の総額は変化しない。また、銀行がもつ日銀預け金の総額は、この異なる銀行の流動性預金間の移転では変化しない。したがって銀行間の資金貸借市場が円滑に機能していれば一般銀行全体では過不足なく調達できる。

Ⅲ　日銀の決済手段と流動性預金間の交換

現金と流動性預金間の交換、日銀預け金と流動性預金間の交換、政府預け金と流動性預金間の交換の３パターンがある。

現金は一般企業や一般法人、個人（家計）、一般銀行をはじめとする金融機関および海外が金融資産として保有しているが、流動性預金に自由に交換可能であり、逆に流動性預金から自由に現金に交換できる。

金融負債の供給サイドからみると、日銀の負債（現金）と一般銀行の負債（流動性預金）間の交換であり、一般の経済主体からみると日銀の負債を直接保有するか、それと等価交換できる一般銀行の負債を保有するかの違いとなる。

流動性預金から現金に交換されるとその分、一般銀行の資産サイドの日銀預け金[注7]または現金（日銀の決済手段）が減少し、バランスシートは縮小される。逆に現金から流動性預金に入金されると、資産サイドの日銀預け金または現金が増加し、他の金融仲介を行ったときと同様にバランスシートが拡大する。この取引では、一般銀行が資産として保有している日銀預け金[注8]の総額が変動するため、一般銀行全体として資金の過不足（日銀預け

金の過不足）が発生する。この現金と流動性預金間の交換では、日銀の負債の決済手段の総額（現金＋日銀預け金）に変化はない。

　一般銀行以外で日銀預け金を保有している企業・法人は、証券会社や証券の清算機関、短資会社など50社弱で、有価証券取引や資金取引の資金決済を主目的[注9]に保有している。これらの企業・法人のもつ流動性預金を日銀預け金に交換すると現金への交換と同様に一般銀行のバランスシートは縮小され、一般銀行全体としての日銀預け金が減少する。逆も同様である。日銀預け金と流動性預金間の交換では、証券会社等がもつ日銀預け金と一般銀行がもつ日銀預け金の振替えで決済されるため、日銀預け金の総額は変化しない。

　政府預金は中央政府（国庫）が保有する決済手段で、中央政府が保有する政府預金と流動性預金の関係は、前述の２者と同様に、流動性預金を政府預金に交換する（国庫の受入れ、歳入）と一般銀行のバランスシートは縮小され、一般銀行全体としての日銀預け金が減少する。逆に政府預金を流動性預金に交換する（国庫の払出し、歳出）と、一般銀行のバランスシートは拡大され、一般銀行全体としての日銀預け金が増加する。また、同様に政府預金と流動性預金間の交換では、政府預金と日銀預け金の振替えで決済されるため日銀の負債の決済手段の総額に変化はない。

Ⅳ　流動性預金から他の銀行負債への変換またはその逆

　たとえば、普通預金から定期預金に預け替える、逆に定期預金の期日到来に伴い元利金を普通預金に入金するといった取引が該当する。

　一般銀行は、顧客との取引において、定期預金や金融債の販売や、満期日の到来による元利金の支払の決済をその顧客が保有する自行の流動性預金で行う。この場合、当該銀行の金融負債の種類は変更され、顧客の流動性預金総額は変化するが、銀行の負債の総額は変化せず、負債の満期における支払で当該銀行が新たな資金調達をする必要はない。負債（定期預金）を負債（流動性預金）で返済することが可能なことが決済手段を負債として供給している銀行の大きな特徴である。

　現金で定期預金に預け入れる、現金で定期預金を払い出す場合は上記Ⅲと

の組合せ、他行からの送金により金融債を販売するなどはⅡとの組合せとなる。

　顧客との外貨売買、外貨送金取引もこの範疇に入る。たとえば、顧客が円預金を対価としてドルを購入し、ドル預金を設定した場合、銀行は市場でドル買い円売りのカバー取引を行う。その結果、銀行の円の流動性預金負債が外貨預金負債に変換し、資産サイドは日銀預け金が外貨預金資産に交換される。減少した日銀預け金は市場での外貨売買の相手（ドル売り円買い）の日銀預け金が増加しており、銀行間の資金貸借取引により調達される。

　市場での外貨売買では日銀預け金の総額に変化はなく、一般銀行全体ではⅡのケースと同様銀行間の資金貸借取引が円滑に機能していれば過不足なく調達できる。

　顧客がこの外貨預金を海外に送金する場合には銀行の外貨預金負債が引き落とされ（減少し）、銀行が保有している外貨預金資産から送金先の外銀に支払われる。外貨預金を経由せずに円の流動性預金を対価に直接外貨送金しても同様の過程と結果となる。

Ⅴ　銀行の資本勘定の増減・売買の決済としての流動性預金

　一般銀行が取引先から利息や手数料を受け取ったり、顧客に利息を支払うといった決済も基本的には取引先や顧客が保有する当該銀行の流動性預金で行われる。銀行の受取りの場合は銀行の負債（流動性預金）から資本勘定（PL勘定を通して）への振替え、支払の場合は資本勘定から負債勘定への振替えが起こるのみで、資産規模に変化はなく、新規の資金調達の必要性はない。

　一般銀行が新株を発行して資金調達を行った場合も、金融債を発行した場合と同様に資金決済が、ⅰ自行の流動性預金からの振替え、ⅱ他行の流動性預金からの送金受入れ、ⅲ現金もしくは日銀預け金入金、によって行われ、それぞれ上記のⅣ、Ⅱ、Ⅲの結果との組合せとなる。新株の発行は負債ではないが、バランスシートの負債サイドとして資金決済、資金調達面は金融債と同じ結果となる。

　銀行以外の経済主体と一般銀行との取引による流動性預金の変化を分類す

ると上記の5種類のパターンですべてであり、決済手段は銀行の負債であることから、「一般銀行（日銀以外の銀行）全体では、資産の増加に対して自動的に調達がなされる。資産を減少させると並行して調達も減少する」という【原理2-2】が裏付けられる。

一般銀行が、取引先や顧客との間で貸出の実行や債券の購入など資産を取得し増加させるとき、その対価の支払は自行の流動性預金への入金で行う。したがってその時点で資産の増加に対して自動的に負債が発生し資金調達される。そこで発生した流動性預金はⅡにより他行に送金されるか、Ⅲにより現金などの日銀の決済手段に交換されるか、ⅣあるいはⅤにより同じ銀行内で他の負債サイドの金融商品や資本勘定に変換されるかである。

このうち、一般銀行全体でみた場合に資金調達が必要になるケースはⅢのケースだけである。他のケースでは、個別の銀行では資金の過不足（日銀預け金の過不足）が生じるが、一般銀行全体では自動的に資金調達されている。銀行（金融機関）間の資金市場が円滑に機能していれば資金の余った銀行から不足する銀行へ資金取引が行われ、個別銀行の資金の過不足は解消されるからである〔注10〕。

一般銀行が、取引先や顧客との間で、貸出の回収や債券の売却など資産を減少させると、その対価の支払を自行の流動性預金から受け、負債を減少させることで決済する。したがって資産を増加させるときと逆の経路で自動的に調達が減少する。

Ⅲの日銀の決済手段と流動性預金間の移転が起こり一般銀行全体で日銀預け金に過不足が発生すると、日銀は金融調整オペレーションを行い日銀預け金の過不足を解消させ資金過不足が起きないようにコントロールしている〔注11〕。後述するが、一般銀行間でどのような取引を行っても日銀預け金の総額は変化せず、総額は日銀との取引によってのみ変化させることができる。すなわち日銀預け金の総額は日銀の意図に従っている。

Ⅲが起こっても日銀が日銀預け金の総額を不足がないようにコントロールしているため、一般銀行間の資金取引が円滑に行われる状況であれば、一般銀行は原理的には貸出や債券保有など資産をいくらでも増加させることがで

き、同時に負債サイド、特に中心となる預金が並行して増加する。逆に資産を減少させると負債サイド、特に中心となる預金は減少する。

　しかし、現実には、銀行が資産を増加させる場合、たとえば貸付を実行するには借入人の資金需要や条件面の合意が必要であるし、債券の購入も購入先との条件の合意が必要で、資産増加には資金需要や採算上の制約がある。また、個別の銀行が顧客預金以上に資産を増加させるには銀行間資金取引など資金市場による調達に頼る必要があり、調達の安定性からの限界もある。また、自己資本比率規制などによる規制上の限界もある。

　一般銀行全体では自動的に調達がされ資金過不足は起きないが、多数の銀行が存在し、預金は決済手段として自由に他の銀行に送金でき、あるいは現金で引き出されることができるため、個々の銀行にとっては信用力上の限界が常に意識される。

〔注5〕　このほかに外国中央銀行や国際機関が日銀に開設した日本円の預け金口座がありマトリックス上はその他対外債権債務に計上され外国の外貨準備等の決済に使用されているがここでは捨象している（詳しくは第7章「新型コロナウイルス感染拡大の影響」参照）。

〔注6〕　これは自国通貨の日本円にいえることで、自国通貨以外の外貨の決済口座は日銀も金融資産として他国の中央銀行にもっている。

〔注7〕　一般銀行で現金の入金・出金が行われると資産サイドの保有現金が増減するが、保有している現金が一定量を超えると日銀に持ち込み日銀預け金に交換する。逆も同様に保有している現金が不足すると日銀預け金を交換して保有現金を増加させる。

〔注8〕　ここでは、一般銀行の保有する現金額が変化する場合は、変化額はすべて即時に日銀預け金に交換されると仮定している。

〔注9〕　これらの企業にとって日銀預け金は流動性資産の保有手段の選択肢の1つであり、他の選択肢、たとえば流動性預金、短期国債などとの比較で流動性準備目的で保有する場合も当然ありうる。特に、日銀預け金に付利するようになった補完当座預金制度導入（2008年10月31日）以降は準備目的で保有する動機が大きくなったと考えられる。

〔注10〕　銀行間の資金市場が円滑に機能している、という前提はきわめて重要であり、【原理2-2】はこの前提がなければ成立しない。銀行間で信用不安が発生して資金余剰の銀行から資金不足の銀行に資金取引が行われなくなると中央銀行が資金不足の銀行に資金供給することになる。この場合一般銀行全体で本来は資金過不足がなく、中央銀行の資産負債に変化がない状態であ

るにもかかわらず、中央銀行は資金不足の銀行に貸出を行い、結果として中央銀行の資産負債は増加する。

〔注11〕 コントロールの方法は、2001年3月の量的緩和政策導入前の日銀預け金残高を法定準備預金残高になるように調整した時期と、法定準備預金残高を超えた日銀預け金の目標金額を設定してその金額になるように調整している量的緩和政策導入後の時期とでは大きく異なる。詳しくは本章7「一般銀行と日銀の資金調達構造・決算手段サイクル」参照。

◆補論(2)

> 【原理2-3】「日銀以外の経済主体間でどんな取引を行っても日銀の負債である決済手段の総額は変化しない」
> 【原理2-4】「日銀は、日銀との取引の決済をすべて日銀の負債で行うことから、原理上はいくらでも資産を増加させることができる」について

　日銀が負債として供給している決済手段は、①現金、③日銀預け金、④政府預金の3種類で、①現金は日銀以外のすべての経済主体が資産として保有し、③日銀預け金は銀行や証券会社等の限られた金融機関、④は中央政府が資産として保有している。日銀以外の経済主体が取引の支払を①③④で決済した場合、保有者間の移転が行われるだけで、その総額は変化しない。

　家計対企業が現金で決済（現金の保有者の移転）、家計が現金で企業の流動性預金に振り込んで決済（家計対銀行は現金の移転で、銀行対日銀は現金による日銀預け金の入金で、銀行間は日銀預け金の振替えで決済）、企業対企業が異なる銀行間の流動性預金の送金で決済（銀行間は日銀預け金の振替えで決済）、政府の企業への支払を流動性預金に振込みで決済（政府預金から日銀預け金に振り替えて決済）、家計が現金で納税（現金による政府預金への入金＝現金が減少し政府預金が増加）など日銀以外の経済主体間のどんな取引の決済も、①内の移転、③内の移転、①⇔③、③⇔④、①⇔④の移転であって①③④の総額は変化しない。

その総額が変化するのは日銀が資産を増加させるもしくは減少させる取引を行った場合、もしくは日銀がそれらを他の日銀の負債、たとえば売現先勘定に振り替えるか、利息の受払いなどで資本勘定に振り替わる場合である。

資本勘定を含めた負債サイド全体でみると、資産の増減に対して自動的に調達の増減が行われ、これは一般銀行全体と同様に、決済手段を自行負債で供給することによる。一般銀行と異なる点は、一般銀行は多数存在し流動性預金の保有者は、他行に移すもしくは日銀（現金もしくは日銀預け金）に移すことができるのに対し、日銀は1行で、すべての取引の決済が自行負債に集中し、支払手段が他に移転することはないことから原理上はいくらでも資産を増加させることができる。

現状、資産増加に対する法規制上、あるいは財政上の制約がないことも一般銀行とは異なる。

3 【原理3】 金融元本取引では資金過不足は発生しない

●非金融元本取引では資金過不足が発生

金融元本取引は、マトリックス上の決済手段以外の項目の移動を行う金融取引と定義できる。具体的には金融資産・負債（証券や株式などの有価証券、貸出、外貨、保険など）の取得、証券や株式の発行、保険の募集、信託受益権の発行、外貨の売買などで、その決済も金融資産・負債である決済手段で行われるため、金融資産と金融負債の差額（資金過不足）は発生しない。

決済手段を負債として供給している銀行の場合、一般顧客からの金融資産取得に対しては負債項目（流動性預金）の増加で決済していることから金融資産・負債が同額増加し、新たな差額は生じない。また、金融負債を発生させた場合の決済は、自行の負債（流動性預金）の減少（対顧客取引）あるいは金融資産（日銀預け金）の増加（対銀行間取引）で行われ、やはり新たな差額は生じない。

非銀行が借入れや社債の発行で資金調達した場合も、金融資産の取得で決

済されるため金融資産・負債が同額で増加し新たな差額は発生しない。

　金融元本取引の原理は、マトリックス上では、「ある部門のある期間の資金過不足（フローの金融資産と金融負債の差額）は金融元本取引では発生しない」ということを意味する。ここでいう金融資産・負債とはマトリックスの対象項目である。マトリックスの対象項目である金融取引を行うとその決済もマトリックスの対象である決済手段（現金、流動性預金、日銀預け金、政府預金）で交換もしくは反対サイドに同額で計上されるため差額は発生しない。

　一方、非金融元本取引は、マトリックス上では決済手段の項目のみが移動する取引と定義できる。具体的には財貨（物）・サービス・居住者による国内不動産などの売買、賃金の受払い、利子・配当の受払い、納税、などであり、金融資産・負債である決済手段（現金、流動性預金、日銀預け金、政府預金、外貨預金）で決済が行われる。つまり、非金融元本取引は、決済手段の受払いの対象が金融資産・負債ではなく、決済手段だけが移転するため、金融資産と金融負債の差額が発生する。

　たとえば、個人が商品を企業から購入して代金を銀行振込みで支払った場合、個人の金融資産（流動性預金）が減少し企業の金融資産（流動性預金）が増加する。この場合、個人、企業とも金融資産と金融負債の差額（個人の余剰減少と企業の余剰増加）が新たに発生する。

　非金融元本取引、すなわち、マトリックスの対象となっていない取引種類の決済をマトリックスの対象である決済手段で決済すると、金融資産・金融負債のフローとしての差額である資金過不足が発生する。同様に、利子・配当のもととなる元本はマトリックスの対象項目であるが利子・配当は対象項目ではなく、決済手段のみが移転することとなり、資金過不足が発生する〔注12〕〔注13〕〔注14〕。

　　〔注12〕　外貨預金はマトリックス上は決済手段の項目ではないが、貿易などの非金融元本取引の決済や、外債の取得など金融元本取引の決済にも使用される。したがって定義があいまいになるがここでは決済手段に外貨預金を含めて考える。
　　〔注13〕　1個の金融取引契約には元本の受払いと利息の受払いを含む場合が多いが、ここでは元本の部分と利息の部分を概念上分けて分類している。たと

えば貸出契約の場合、元本の貸出実行と回収、および利息の受払いがあるが元本の実行回収時には「貸出」「流動性預金」の２項目が、利息の受払いには「流動性預金」の項目のみが計上される。

〔注14〕 マトリックスの項目のなかに「金融派生商品」があり、計上金額は時価評価金額でフローの金額はなく調整額のみになっている。契約上の資金の受払いは、為替予約のように元本の交換を行うものも金利スワップのように受払利息（非金融元本取引）だけのものもあり定義上はあいまいな部分があるが、フローの金額がなく資金過不足は発生しないことから「金融派生商品」は金融元本取引と定義する。なお伝統的なオフバランス取引である保証取引はマトリックスの対象項目にはなっていなかったが、08SNAでは住宅ローンの保証のような小口化・定型化された保証取引が対象項目に追加された。

●部門内の取引は相殺

マトリックスでは部門ごとの金融資産・負債を推計しており、部門内の非金融元本取引（決済手段）と有価証券取引は部門内で相殺される。フローの金融資産・負債差額である資金過不足も部門内の取引では発生しない。たとえば家計内の２つの主体が不動産の売買を行った場合、主体間で決済手段の移転と資金過不足は発生するが、家計部門全体で保有している決済手段の量は不変のため家計部門の資金過不足は発生しない。

部門間をまたぐ非金融取引の場合にはそれぞれの部門で資金過不足が発生する。たとえば家計が非金融法人企業（たとえば不動産会社）に土地を売却した場合、家計の保有する決済手段（たとえば流動性預金）が増加し資金過不足は資金余剰に、非金融法人企業の保有する流動性預金が減少し資金過不足は資金不足となる。

同じ部門内には資金不足の主体も資金余剰の主体も存在するがマトリックスでは相殺され相殺尻が表示される。たとえば、同じ家計部門内に、住宅ローンを借りて住宅を取得した主体（資金不足の主体）も給与所得の余剰を貯蓄している主体（資金余剰の主体）も存在するが、今期の家計部門はネットアウトされて相殺尻が表示される。

金融元本取引の場合は部門間で行った場合でも資金過不足は発生しない。たとえば家計が株式を証券会社に売却した場合、家計部門では金融資産であ

る株式が減少し流動性預金が同額増加し差額は発生しない。証券会社も株式が増加し、流動性預金が同額減少するため金融元本取引では資金過不足は発生しない。

　国内部門を合計した場合も、国内部門内の非金融元本取引では国内部門合計の資金過不足は発生しない。国内部門合計で資金過不足が生じるのは海外部門と非金融元本取引を行った場合で、前述のとおりこれは定義上国際収支統計の経常収支＋資本移転等収支に該当する。国内部門と海外部門が金融元本取引（資金の貸借、有価証券の売買、外貨の売買など）を行っても資金過不足には影響しないことも同様である。

　マトリックスは、部門単位に資産項目ごと・負債項目ごとの純増減金額を推計表示しており項目ごとのグロスの動きは相殺されている。たとえば、個々の非金融法人企業は、当期中にさまざまな取引の決済で流動性預金を増加・減少させるが、マトリックス上の当期フローでは部門全体の流動性預金の純増減が表示される。個別企業では当期に増加した企業も減少した企業も存在するがマトリックス上では相殺されてネット表示される。

　当期の経済活動が非常に活発で個々の企業の流動性預金のグロスの入金と出金が非常に大きい状況も、逆に不活発な状況もマトリックス上、グロスの金額は反映されない。また、企業間で活発な取引により流動性預金のやりとりが頻繁かつ多額に行われてもマトリックスの非金融法人企業部門の流動性預金の金額はフロー、ストックとも変化しない。

4 【原理4】　純金融資産の変化はフローの資金過不足と時価変動の合計

●大きい時価変動の影響

　純金融資産（ストックとしての金融資産と金融負債の差額）の今期の変化額はフローとしての資金過不足と今期の時価変動の合計値である。

　金融資産・負債とも時価で表示されるためその差額（純金融資産）も時価

変動の影響を受ける。金融元本取引ではフローの資金過不足は生じないが金融元本取引によって変化する金融資産・負債の項目の構成により時価の影響度合いが変わる。預金、貸付、債券など時価変動の比較的小さい項目の構成と株式や外貨建て資産負債など時価変動の大きい項目の構成により時価の変動の影響が変わる。

　たとえば、外貨建て資産金額と外貨建て負債金額の差額が大きい部門の純金融資産額は為替レートの変動の影響を受けやすい。同様に、株式の資産負債金額差が大きい部門の純金融資産額はより株価変動の影響を受ける。

　前述のとおり、各部門の純金融資産の変動要因はフローによる資金過不足よりも時価変動による変化のほうが大きくなってきている。1980年3月末から2021年3月末までの41年間の家計部門の純金融資産の変化をみても、1,397兆円の増加額のうち、給与所得や利子・配当などフローによるものが1,018兆円、時価変動等による調整金額によるものが252兆円、基準変更によるものが127兆円である。安定的なフローの累積効果が大きいが2000年度以降の調整金額の変動が大きい（図表2−9）。

5 【原理5】　外貨売買では海外・国内部門ともフローの資金過不足は発生しない

●外貨売買も金融元本取引

　外貨の売買は外貨の決済場所が海外に、円の決済場所が東京にあるため海外部門を動かす。しかし、外貨売買も金融元本取引であり、「【原理3】金融元本取引では資金過不足は発生しない」のとおり、海外部門、国内部門いずれにおいても資金過不足は発生しない〔注15〕。このことは、「外貨の売買を行うと対外資産と対外負債が発生する」「新たな対外資産を金融元本取引で取得すると対外負債が発生するか既存の対外資産が減少する」「新たな対外負債をつくると必ず対外資産が発生するか既存の対外負債が減少する」ことを意味する。

図表 2 − 9　家計部門純資産額変化

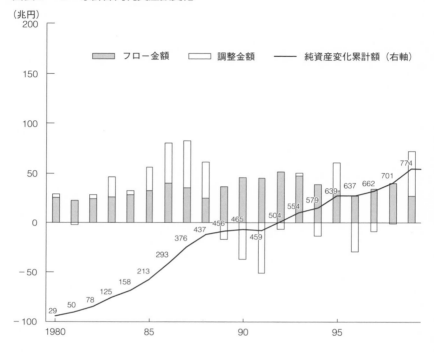

外貨売買の経路を概観すると、

①　外貨の売買取引は自行内・自社内で相殺される売買を除きインターバンク市場につながれる〔注16〕。

②　銀行は売買の仲介を行うだけであり（一時的な為替ポジションをもつことはあるが）最終的には顧客の売買に転化される。

③　インターバンク市場の資金決済は、各通貨の中央銀行への預け金で行う。

④　各通貨の中央銀行預け金へのアクセスは、それぞれの国の主要都市に開設された銀行拠点に限られ、当該都市に海外支店がある場合はその海外支店、ない場合はコルレス契約（決済の委託契約）を締結した現地銀行（コルレス先）を通じて中央銀行預け金で決済する〔注17〕〔注18〕。

⑤　したがって、銀行間外国為替売買は外貨の決済は海外で、円貨の決済は

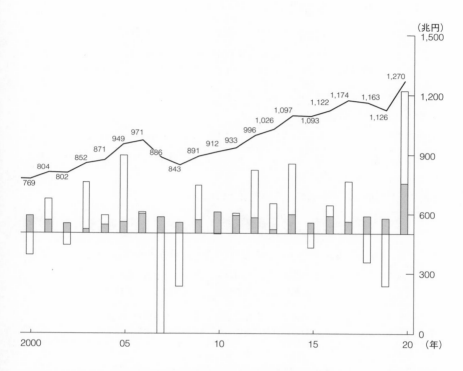

国内で行われ、必ず海外部門が動く。決済資金のファンディングもそれぞ
れの所在地の短期資金市場で同時に行われると考えられるため、居住者銀
行の外貨の買いサイドは対外資産（海外部門の負債サイド）に、売りサイ
ドは対外負債（海外部門の資産サイド）に計上される。非居住者銀行の円
の買いサイドは対外負債（海外部門の資産サイド）売りサイドは対外資産
（海外部門の負債サイド）に計上される。

⑥　外貨売買の当事者の組合せは、銀行間では居住者銀行⇔居住者銀行、居
住者銀行⇔非居住者銀行、非居住者銀行⇔非居住者銀行の３パターンであ
り、海外部門への計上は図表２−10のようになる。

　銀行間取引で（外貨の）売りサイドは決済により資金が不足するため調
達する必要があり負債が発生する（実際にはバッファーをもって全体で資金
過不足を短期資金市場で調整しているが概念的には売りでは資金調達が、買い

図表2−10　当事者の海外部門計上のパターン

	居住者銀行 vs. 居住者銀行	居住者銀行 vs. 非居住者銀行		非居住者銀行 vs. 非居住者銀行
		居住者銀行が外貨買いサイド	居住者銀行が外貨売りサイド	
外貨の買い銀行	負債サイド	負債サイド	無	無
外貨の売り銀行	資産サイド	無	資産サイド	無
円貨の買い銀行	無	資産サイド	無	資産サイド
円貨の売り銀行	無	無	負債サイド	負債サイド

図表2−11　顧客と当事者の海外部門計上のパターン

	居住者顧客 vs. 居住者銀行	居住者顧客 vs. 非居住者銀行	非居住者顧客 vs. 居住者銀行	非居住者顧客 vs. 非居住者銀行
顧客の外貨買い円売り	無	負債サイド項目間移動（流動性預金→外貨預金）	資産サイド項目間移動（流動性預金→外貨預金）	無
顧客の外貨売り円買い	無	負債サイド項目間移動（外貨預金→流動性預金）	資産サイド項目間移動（外貨預金→流動性預金）	無
居住者顧客が海外の自己口座に送金	顧客→負債サイド 銀行→資産サイド		—	
非居住者顧客が国内の自己口座に送金	—		顧客→資産サイド 銀行→負債サイド	

では資金運用が必要）。外貨の売りを手元資金だけで決済した場合は対外資産が減少し、買いサイドと相殺されて海外部門の変化はない。

　また、顧客との関係では図表2−11のように、居住者顧客⇔居住者銀行、居住者顧客⇔非居住者銀行、非居住者顧客⇔居住者銀行、非居住者顧客⇔非居住者銀行の4パターンになる。

顧客の決済口座は取引銀行内の口座とすると、自行の口座で売買を決済すると円預金と外貨預金間の移動が計上されるだけで資金過不足は発生しない。一方、顧客が海外に開いた自己の口座で決済する場合は下段の居住者顧客が海外の自己口座に送金の結果が加わる。たとえば居住者顧客が国内銀行とドル買い円売りを行いドル決済はニューヨークの銀行口座で行う場合には、国内銀行はニューヨークの銀行にドル送金する必要があり、顧客は対外資産が、国内銀行はドルの調達により対外負債が発生する。

　外貨売買取引の組合せが以上のいずれのパターンであっても、海外部門（対非居住者の金融資産負債）にフローの資金過不足は発生せず、国内部門にも発生しない

⑦　外貨の売買は金融元本取引であり個別の主体単位でも、金融資産の項目が替わる（たとえば普通預金が外貨預金に替わる）か、金融負債の項目が替わる（たとえば銀行にとっての普通預金が外貨預金に替わる）か、金融資産・負債が同時に同額増加（たとえば、銀行が外貨買いの決済を資産の外貨預金、円売りの決済を負債の普通預金で行った場合）あるいは減少（たとえば、銀行が外貨売りの決済を資産の外貨預金からの送金、円買いの決済を負債の円預金で行った場合）するためフローの資金過不足は発生しない。

〔注15〕　新たな対外資産の取得には外貨の売買を伴わない取引、たとえば円建ての貸付を国内から非居住者に行うような取引や海外ファンドが日本株を取得するような取引を含むが、このような場合も海外部門、国内部門ともフローの資金過不足は発生しない。【原理5】は【原理3】の一部のケースを示しているにすぎないが、外貨取引や対外取引を整理しやすくするために別とした。

〔注16〕　日銀レビュー『最近の外国為替市場の構造変化』（2014年7月）によれば欧米の巨大銀行などの大規模ディーラーは電子取引プラットフォームにより自行内・自社内での売買の相殺（マリー取引）を増加させようとし、相殺しきれない売買をインターバンク市場につないでいる。

　同じく日銀レビュー『本邦外国為替証拠金（FX）取引の最近の動向』（2016年6月）のなかで、金融先物取引業協会のデータによると注文の約6割が相殺され約4割がインターバンク市場でカバー取引され、当該カバー取引等の金額は、東京外国為替市場におけるスポット取引額の約3割に相当すると紹介している。したがって、マリー部分も相当程度あるものと思われる。なお、自行内・自社内の相殺でも相殺相手が非居住者顧客の場合はマトリックス上

は銀行間取引同様に海外部門を動かす。

〔注17〕　日銀当座預金の相手先は2021年7月末現在で517先あり、筆者が確認する限り、日本国内に拠点がないのはクロスボーダーの多通貨決済専用銀行のCLS銀行だけである。

〔注18〕　マトリックス上の項目はコルレス先経由の場合は外貨預金と流動性預金（円貨）、海外支店経由（海外本支店勘定経由）の場合は国内店から海外支店への貸出の場合は民間金融機関貸出、海外支店から国内店への貸出の場合は非金融部門貸出を使用している。また円貨の場合は海外本支店勘定を経由してさらに日銀預け金に連動している。

6　【原理6】　経常黒字を超える円投は必ず円転者がいる

●直物外貨ポジションの発生要因

　外貨売買取引で発生した直物外貨ポジション（各外貨の金融資産と金融負債の差額〔注19〕）は、必ず反対のポジションをもつ主体が存在する。非金融元本取引（経常取引）あるいは外貨建て時価の変動で発生した場合は片サイドのみ単独で発生し反対のポジションは発生しない。したがって仮にすべての直物外貨ポジションを外貨売買取引で相殺させた場合、非金融元本取引と外貨建て時価の変動から発生した直物外貨ポジションのネット金額が残る（図表2－12）。

　直物外貨ポジションの発生要因としては、①非金融元本取引（経常取引）によるもの、②外貨建て資産負債の外貨建て時価の変動によるもの、③外貨売買取引によるものがある。

①　非金融元本取引により発生

　非金融元本取引（経常取引）で外貨決済の場合、外貨の対価は非金融資産やサービスのため資金過不足とともに直物外貨ポジションが発生する。このとき、取引相手にとってこの外貨が自国通貨の場合は、取引相手に直物外貨ポジションは発生せず自国通貨建ての資金過不足となる。

　また、円貨決済の場合、当方には直物外貨ポジションは発生せず資金過不足のみが発生し、取引相手は資金過不足と直物外貨ポジションが発生する。

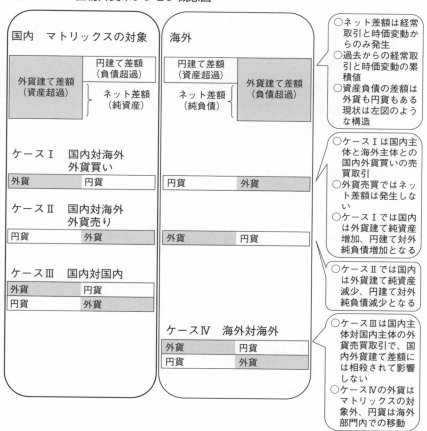

図表 2 -12　直物外貨ポジション概念図

国内　マトリックスの対象　海外

| 外貨建て差額（資産超過） | 円建て差額（負債超過） |
| | ネット差額（純資産） |

| 円建て差額（資産超過） | 外貨建て差額（負債超過） |
| ネット差額（純負債） | |

○ネット差額は経常取引と時価変動からのみ発生
○過去からの経常取引と時価変動の累積値
○資産負債の差額は外貨も円貨もある現状は左図のような構造

ケースⅠ　国内対海外
　　　　　外貨買い

| 外貨 | 円貨 |

| 円貨 | 外貨 |

○ケースⅠは国内主体と海外主体との国内外貨買いの売買取引
○外貨売買ではネット差額は発生しない
○ケースⅠでは国内は外貨建て純資産増加、円建て対外純負債増加となる

ケースⅡ　国内対海外
　　　　　外貨売り

| 円貨 | 外貨 |

| 外貨 | 円貨 |

○ケースⅡでは国内は外貨建て純資産減少、円建て対外純負債減少となる

ケースⅢ　国内対国内

| 外貨 | 円貨 |
| 円貨 | 外貨 |

ケースⅣ　海外対海外

| 外貨 | 円貨 |
| 円貨 | 外貨 |

○ケースⅢは国内主体対国内主体の外貨売買取引で、国内外貨建て差額には相殺されて影響しない
○ケースⅣの外貨はマトリックスの対象外、円貨は海外部門内での移動

　自国通貨建て決済の場合も相手国通貨建て決済の場合も、片サイドの直物外貨ポジションが発生する。

　当方と取引相手の双方が外貨で決済した場合、双方に直物外貨ポジションが発生するが、この直物外貨ポジションは通貨の組合せが異なり、外貨売買取引で相殺することはできないものであることから双方に片サイドの直物外貨ポジションが発生する。

　たとえば、日本からタイに製品を輸出し、その決済をドルで行った場合、日本の企業にはドル建ての資金過剰とドル建て資産超過の直物外貨ポジショ

ンが発生する。タイの企業にはドル建ての資金不足と決済用のドルを調達した場合、ドル建ての負債超過の直物外貨ポジションが発生する。この結果は、日本の企業が米国にドル建てで輸出し、それとは別にタイの企業が米国からドル建てで輸入した場合と同じになる。また、日本企業は円対価でドルの資産をもち、タイ企業はタイ・バーツ対価でドル負債をもち両者のポジションは外貨売買取引では相殺できない状態である。

② **外貨建て資産負債の外貨建て時価の変動により発生**

保有する外貨建て資産・負債の時価が変化すると変化額分の直物外貨ポジションが発生する。たとえば、ある経済主体が米国株を保有しており価格が1.00ドルから1.10ドルに上昇した場合、0.1ドル分の直物外貨ポジションが新たに追加される[注20]。1.10ドルで売却した場合も0.1ドル分の外貨建てキャッシュ（外貨預金）が増加し直物外貨ポジションが発生する。外貨ポジションの発生という意味では、このキャピタルゲイン（利益）あるいはロス（損失）によるものと、外貨建て利息の受取り・支払によるものと同じ結果になる。マトリックス上では、外貨建て利息の受払いは経常取引としてフローの金額に計上され、キャピタルゲイン・ロスおよび保有資産の評価額の変動は調整金額に計上される。調整金額には外貨の円換算レートによる変動額も含まれる。

非居住者にとって日本円は外貨であり、非居住者の直物ポジションには円建て資産負債が含まれ円建て時価の変動は直物ポジションに影響する。たとえば、海外で保有されている円建て（日本国内）株式の時価変動部分は非居住者の直物ポジションに反映するし、日本のネット対外資産負債にも反映される。また、このポジションは経常取引による円建て取引により発生するポジションと結果的には同じであり、海外が保有する円建て資産の時価上昇の直物ポジション結果と日本の円建て輸入による直物ポジション結果は同じとなる。

③ **外貨売買取引により発生**

外貨売買取引のみで発生した直物外貨ポジションを想定した場合、ある主体が直物外貨ポジションをもつ限り反対サイドの直物外貨ポジションをもつ

主体が必ず存在する〔注21〕。したがって、仮にすべての直物外貨ポジションを相殺した場合、外貨売買取引のみで発生した直物外貨ポジションは相殺される〔注22〕。

経常取引による黒字主体（たとえば輸出業者や外貨建て配当や利息の受取人）による外貨売却、赤字主体（たとえば輸入業者や外貨建てライセンスの支払人）の外貨購入、外貨建て出資、海外からの対内出資、外貨建て有価証券の購入や売却、旅行用の外貨購入、など各経済主体はさまざまな目的で外貨売買取引を行い、直物外貨ポジションを取得、調整、解消している。

非金融元本取引（経常取引）と外貨建て時価変動から発生した片サイドのみの直物外貨ポジションと、売り買い両サイドがペアで発生する直物外貨ポジションが存在するため、仮にすべての直物外貨ポジションを外貨売買取引で相殺するとした場合、非金融元本取引と外貨建て時価変動から発生した直物外貨ポジションの全体の差額が相殺尻として残り、そのポジション金額はそれ以上相殺することができないことになる。

別の表現をすれば、経常取引あるいは外貨建て時価変動で得た直物外貨ポジションをもつ主体が外貨売買取引で直物外貨ポジションを解消した場合、直物外貨ポジションは売買相手に引き継がれることになり全体では解消しない。全体で解消できるのは経常取引あるいは外貨建て時価変動で得た反対サイドの直物外貨ポジションが発生した場合で、経常取引あるいは外貨建て時価変動による直物外貨ポジションの供給に差額がある場合は累積されていくことになる。

〔注19〕 為替レートの変動により外貨建て金融資産・負債の円貨価値は変化し、直物外貨ポジションがあると資産負債ネットの純資産価値が変化するため為替変動リスクをもつ。外貨の為替変動リスクを管理する場合、この直物外貨ポジションに先物取引やフューチャー取引、オプション取引などのデリバティブ取引の外貨ポジションを合計してポジション管理を行っている。

〔注20〕 時価変動による外貨額の変動分を為替リスク管理上の直物外貨ポジションとして認識するかどうかは外貨資産の保有目的や会計方針により異なる。また、負債サイドの時価変動分は一般的には為替リスク管理上の対象にはしない。これに対して、マトリックスは原則時価計上であり時価変動によるものは原則反映される（対外直接投資は時価変動を反映させておらず例外

の1つ）。

〔注21〕　外貨の売買は必ず相手が存在する。売買の決済日は約定日以降で各売買契約ごとに特定されている。したがって各決済日ごとに集計すると各決済日ごとに必ず通貨ポジションは相殺される状況にある。外貨売買取引で発生した直物外貨ポジションとは過去から本日までの売買決済の累積値であり、したがってある経済主体が直物外貨ポジションをもつ限り反対サイドの直物外貨ポジションをもつ主体が必ず存在することになる。

〔注22〕　外貨売買取引で発生した直物外貨ポジションも実際には為替レートが変動していくため時間が経過すると差額が発生し相殺尻が発生する。相殺尻は実現損益に該当するもので利子の受払いなどの経常取引によるものと同様、反対ポジションはない。たとえば、日本の経済主体Aが1ドルの買い／120円の売りを米国の経済主体Xと行った場合、ポジション管理は通常は資本勘定をもつ通貨をベースに非資本勘定通貨を対象に行われるから、Aは1ドルをXは120円をポジションの対象として管理する。このポジションを維持したまま1ドルが100円になると、AとXのポジションは損益部分が相殺尻として残る。AとXが反対売買でポジションを解消すると想定すると、Aが1ドルを解消すればXに20円のプラスが残り、Xが120円を解消しようとするとAに0.2ドルのマイナスが残り、ポジションを完全に相殺することはできない。この損益部分はいわば対価のない金融資産・負債の取得で、利子・配当の受払いと同じ結果となる。マトリックス上は利子・配当はフロー金額に表示されるのに対し、この損益部分は調整金額で表示される。

●対外資産負債残高との一致

なお、直物外貨ポジションの規模については、日銀が、国際収支統計のなかで本邦対外資産負債残高を四半期ごとに公表している。2014年12月末の分析レポートでは対外資産・負債に占める外貨の割合を示しており、それをもとに2014年12月末の円建て、外貨建てそれぞれの対外資産残高を推計したものが図表2－13で外貨の差額は4.6兆ドルである。それ以降のレポートは外貨の割合は示していない。

図表2－13の対外資産負債残高とマトリックスの海外部門（資産サイドと負債サイドを入れ替えたもの）は基本的に一致しておりマトリックスのデータから対外資産負債差額と外貨建て対外資産負債差額の由来の概要がラフに推計できる。

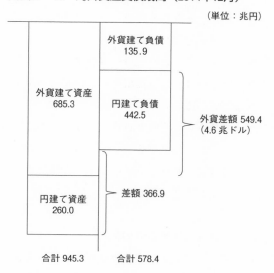

図表 2 － 13　対外資産負債残高（2014年12月）

（単位：兆円）

外貨建て負債
135.9

外貨建て資産
685.3

円建て負債
442.5

外貨差額 549.4
（4.6兆ドル）

円建て資産
260.0

差額 366.9

合計 945.3　　　合計 578.4

　2015年9月公表のマトリックスを使用した推測結果は、①非金融元本取引
（経常取引）により発生した金額が1980年度から2014年12月末までの累計で
3.3兆ドル、②対外証券投資の外貨建て時価の変動により発生した金額が同
様に0.5兆ドルであり、合計3.8兆ドルとなった（補論(3)「外貨建て対外資産負
債差額の推計」参照）。

　輸出業者などの外貨余剰主体と輸入業者などの外貨不足主体や外貨証券投
資を行おうとする居住者や対内直接投資を行おうとする非居住者などが外貨
売買取引で外貨ポジションを移転・解消・取得するが、経常取引と外貨建て
時価の変動に由来する外貨ポジションはネット金額が累積され、それを各主
体が目的に応じて保有していることになる。

　外貨売買取引だけで発生した直物外貨ポジションは必ず反対の直物外貨ポ
ジションをもつ主体が存在し、上記の対外資産負債残高上の外貨差額の対象
になる場合には反対ポジションは非居住者が保有していることになる（居住
者と居住者が保有している場合には同額の外貨建て資産負債が計上され外貨差額
は発生せず、非居住者と非居住者が保有している場合は外貨部分がこの統計の対

象とならない）。

　居住者が外貨ポジションをもち非居住者がその反対のポジションをもつ具体例は、国内生保が外債運用（ヘッジ付き、ヘッジ無にかかわらず）を行い海外ファンドが反対ポジションで日本国債を保有するケースや、銀行が国内勘定で円投による外貨建て貸付や外債運用を行い反対に外銀が海外で円転し円運用を行うケースなどがある。

　外貨売買取引だけで発生した直物外貨ポジションによる上積の大きさは不明であり、補論(3)にあるように推計もラフであるが、外貨建て対外資産負債差額は、経常取引と外貨建て時価の変動に由来する外貨ポジションの累積値をベースにしていることが確認できる。

◆補論(3)　外貨建て対外資産負債差額の推計
Ⅰ　海外部門の資金過不足額による直物外貨ポジション金額の推計
　海外部門の資金過不足額（＝経常収支＋資本移転収支等の金額）を使った2014年12月末までの直物外貨ポジション金額の推計を、資金過不足はすべてドル建てで累積されドルへの換算は単純月平均レートで換算されると仮定して行った結果が図表２－14である。

図表２―14　海外部門資金過不足額

	1980年度～ 2011年度 累計	2012 年度	2013 年度	2014			1980年度～ 2014年12月末 累計
				4～6月	7～9	10～12	
資金過不足額 （兆円）	373.6	3.9	0.9	0.3	1.6	1.5	381.7
平均ドル円 レート	117.6	83.1	100.2	102.1	103.9	114.5	116.9
ドル換算額 （十億ドル）	3,177.6	46.7	9.0	3.2	15.0	12.9	3,264.5

（注）　平均ドル円レートは月平均レートの対応する期間の単純平均。ドル換算額は、1980年度～2011年度は各年度の資金過不足額／該当年度の単純平均レートの累積額。月平均ドル円レートは日銀による。

Ⅱ 外貨価額の変動により発生した直物外貨ポジション金額の推計

外貨建て資産・負債の外貨価額の変動により発生した直物外貨ポジション
金額は海外部門の調整金額に含まれる。調整金額には円建て資産・負債の価
額変動分も含まれており分離は不可能なため、国内からみた外貨建て資産の
うち外貨価格の変動の割合が最も大きいと考えられる対外証券投資がすべて
ドル建てであると仮定して推計した。

貸出や現金・預金などの他の項目は外貨価格による変動は小さく、国内か
らみた負債サイドの有価証券は円建てが大部分だと考えられるため対外証券
投資に外貨価格変化分が集中すると考えられる。

海外部門の負債の対外証券投資（＝国内居住者の対外証券投資保有）の調整
金額を為替効果と価格効果に分離した結果が図表2－15である。

対外証券投資残高551兆円は、2014年12月末の対外資産（海外部門の負債）

図表2－15　対外証券投資中の為替レート効果と価格効果

	1980年度～ 2011年度 累計	2012 年度	2013 年度	2014			1980年度～ 2014年12月末 累計
				4～6月	7～9	10～12	
残高 （兆円）	385.4	431.8	473.8	480.7	511.0	551.4	551.4
フロー金額 （兆円）	463.1	－ 0.7	－ 1.0	7.3	8.2	0.8	477.7
調整金額 （兆円）	－ 83.3	47.1	42.9	－ 0.3	22.1	39.6	68.1
期末ドル 円レート	82.2	94.0	103.0	101.4	109.4	119.8	119.8
為替効果 （兆円）	－ 171.8	54.5	41.1	－ 7.5	37.5	47.8	1.6
価格効果 （兆円）	88.5	－ 7.4	1.8	7.2	－ 15.4	－ 8.2	66.5
価格効果 （十億ドル）	766.5	－ 90.1	18.9	70.0	－ 151.6	－ 75.1	538.7

（注）　ドル円レートは東京外国為替市場の17時時点のレートで日銀による。

921兆円の60％を占める。図表2－15の為替効果は対外証券投資がすべてドル建てと仮定した場合のドル円レート変動による調整金額で、今期末対外投資残高／期末ドル円レート×（今期末－前期末ドル円レート）、価格効果は（今期調整金額－為替効果）で、ドル換算は前期末ドル円レートによる。

1980年度から2014年12月末までの対外証券投資の時価変動による価額の変化は68.1兆円で、為替要因が1.6兆円、外貨建て価格要因は66.5兆円、ドル換算で539億ドルと分解された。

Ⅲ　外貨建て資産負債差額との比較

2015年9月公表のマトリックスを使用した推測結果は、非金融元本取引（経常取引）により発生した金額が1980年度から2014年12月末までの累計で3.3兆ドル、対外証券投資の外貨建て時価の変動により発生した金額が同様に0.5兆ドルの合計3.8兆ドルとなった。

経常取引および対外証券投資がすべてドル建てで、これで発生する直物外貨ポジションはすべて居住者が保有するという前提でのラフな推計であるが図表2－13の対外資産負債残高で示した外貨資産・負債差額4.6兆ドルに近い数値となっている。

7　一般銀行と日銀の資金調達構造・決済手段サイクル

●流動性預金

図表2－16は一般銀行の供給する流動性預金と日銀の各決済手段の関係を整理したものである。

一般銀行が負債として供給する流動性預金は、銀行以外のすべての経済主体が決済手段として保有している。

流動性預金の保有者が、流動性預金を日銀が供給している決済手段に交換する取引（①②③）を行わない限り、銀行以外の主体間でどんな取引を行っても流動性預金が一般銀行間で移動するだけで流動性預金の総量は変化しな

い。また、流動性預金の保有者が一般銀行とどんな取引を行っても、一般銀行間で移動するか、流動性預金から定期預金に振替えのような一般銀行の負債サイド内の項目移動か、貸付の実行を流動性預金に入金するような一般銀行の資産と負債サイドの両建てでパラレルに増減する動きとなる。

したがって日銀の決済手段に交換する取引がない場合〔注23〕、一般銀行全体では自動的に資金調達され、資金は一般銀行内で完結する（図表2－16の一般銀行内のBのサークルのイメージ）。

また、一般銀行は銀行以外の主体と流動性預金対価〔注24〕で資産・負債を取得・処分するため、原理的にはいくらでも資産規模を大きくすることが可能である。すなわち、図表2－16のBのサークルはいくらでも大きくすることが原理的には可能である〔注25〕。

個々の銀行ごとには銀行間決済の結果、日銀預け金の過不足が発生するが、日銀預け金の総額に変化はないため銀行間の資金市場が円滑に機能していれば過剰な銀行から不足する銀行に資金供給され、個々の銀行も資金の過不足は解消する。

〔注23〕　決済手段を日銀と一般銀行が供給しているためその交換が問題となるが、決済手段の供給を一般銀行だけにするモデルと逆に中央銀行だけにするモデルのマトリックスを用いたシミュレーションは第8章「マネタリーベースゼロの世界とマネタリーベースだけの世界」参照。

〔注24〕　厳密には、日銀預け金の総額が変わらない限り、すなわち日銀が相手でない限り、銀行相手でもよく、日銀預け金対価の資産取得でもよい。取得・保有する資産は外貨建てでも、不動産や原油などの非金融資産でもよく、自動的に円資金が調達される。たとえば、海外の銀行と円対価で外貨を購入しその外貨で外国国債を保有しても、円を購入した相手銀行の円資金（日銀預け金）が必ず余剰になり、銀行間の資金市場が円滑に機能している限り、不足する銀行に資金供給される。

〔注25〕　個々の銀行がもつ現実的な規模の制約は既述のとおり。

●流動性預金と日銀の決済手段との交換

流動性預金の保有者が日銀が供給している決済手段に交換する取引（図表2－16①②③の取引）を行うとその決済の結果、一般銀行が保有する日銀預

図表2－16　円の決済概念図―流動性預金と日銀の決済手段の関係
（2021年3月末、単位：兆円）

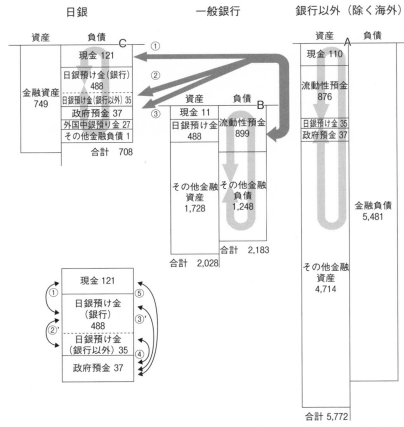

（注1）　一般銀行とはマトリックス上の預金取扱機関部門。流動性預金の一般銀行負債899兆円と銀行以外の資産876兆円の差額は海外部門の3兆円と、一般銀行が資産としてもっている20兆円でこれは系統金融機関の保有が大部分なので以下の記述上は無視した。海外部門が保有する現金はマトリックス上は0としている。

（注2）　上図①～③およびその決済①②'③'④⑤の主な取引例

　①　預金から現金の払出し、現金の預金入金、現金振込み、など

　②　証券会社の流動性預金⇔日銀預け金間の送金、②'の日銀内の決済は②'（日銀預け金内の振替え）で、②'には②の決済のほかに銀行⇔証券会社間の証券取引や資金貸借取引の決済、銀行⇔短資会社の資金貸借取引の決済も含む。

　③　国税や社会保険料の預金からの納付、公共事業・国家公務員給料・年金など歳出金の預金振込み、③'（日銀預け金と政府預金間の振替え）には③の決

済のほかに国債の銀行引受や償還金受取りなどの国と銀行との取引の決済も含む。

④　国債の証券会社引受や償還金受取りなどの国と証券会社との取引の決済。
⑤　日銀窓口での、国税などの現金納付や公共事業の政府小切手による現金支払。

け金と日銀が負債として供給する他の決済手段（現金、政府預金、銀行以外が保有する日銀預け金）との間で資金移動が起こる。

①の現金と流動性預金間の交換は、現金の保有者は日銀以外のすべての主体で、多数の主体がさまざまな保有動機、使用目的で交換するため、一般銀行にとってはほぼ受動的な資金移動となる。もちろん預金金利が上昇すれば現金から預金への移動は増加するが、金利水準は一般銀行にとって裁量の余地は限られる。

②の銀行以外がもつ日銀預け金と流動性預金の間の交換は証券会社と銀行間の交換である。証券会社は流動性預金と日銀預け金の２種類の決済手段を保有しており、顧客との取引は流動性預金で、銀行との取引は日銀預け金でも決済している。その結果、証券会社は流動性預金と日銀預け金との間で保有金額を調整する②の交換を行うことになる。銀行と証券会社は証券取引を活発に行っており、図表２−16の②'には②の決済と銀行対証券会社の証券取引の決済が含まれる。また、短資会社も日銀預け金を保有しており、②'には銀行と短資会社との資金貸借取引の決済も含まれる。

③の政府預金と流動性預金との交換は、国税などの納入（歳入）と国庫からの支払（歳出）によって起こり、タイミングと金額は一般銀行にとっては受動的に決まる。また、一般銀行による国債の引受けや償還金の受取りは政府預金と日銀預け金間で決済し、したがって図表２−16の③'には③の決済と国との国債取引の決済が含まれる。

●日銀の決済手段

日銀は、３種類の円の決済手段（現金、日銀預け金、政府預金）を負債として供給し、円対価で資産・負債を取得処分する場合や経費の支払などすべて自行が負債として供給する決済手段で決済する。この３種類の決済手段は日

銀のみが供給し、保有者は、現金はすべての経済主体、日銀預け金は520社程度の限られた金融機関、政府預金は中央政府のみが保有している。日銀以外の主体間でどんな取引を行っても保有者が変わる、もしくは3種類のなかで種類が変わるだけで総額を変化させることはできない。

　多数の銀行が供給している流動性預金と異なり、日銀のみが決済手段を供給しているため他への流出はなく、原理的にはいくらでも資産規模を大きくすることができる。図表2−16のCのサークルは日銀の負債サイド内で完結し、大きさは日銀の資産取得によりいくらでも大きくできる。

　取得する資産は、円対価であれば円建て金融資産である必要はなく、円対価で外貨を取得しての外国債取得でも、不動産や原油など非金融資産でも可

図表2−17　現金残高推移（1997年12月〜2021年3月）

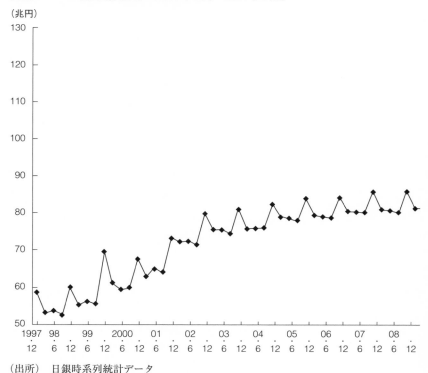

（出所）　日銀時系列統計データ

能である。また、調達側の金利水準にも影響されず日銀預け金がマイナス金利でも原理的には無制限に資産規模を大きくすることができる。

　３種類の決済手段のうちまず現金は、多数の主体が決済用や貯蔵用のニーズで保有しようとするため需要にあわせて発行する必要があり、その需要は日銀にとって受動的に決まる。発行のためには日銀は見合いの金額の資産を取得する必要がある。現金の需要は季節性のパターンを繰り返しつつ上昇しており（図表２−17）、日銀は資産規模を調整してこの需要に受動的に応えていくことになる。各年とも12月末が最も現金需要が大きくなり３月、６月、９月と減少するが2020年６月、９月は増加しており新型コロナウイルス感染拡大の影響によるものと考えられる。

政府預金の保有ニーズは決済を円滑に行うだけの残高があればよいと考えられる。

　日銀預け金を決済資金として各金融機関が保有するニーズは、金融機関間の資金貸借市場が円滑に機能していれば、各日銀預け金保有者が円滑に決済できるバッファーとしての需要の金額の合計で、バッファーの水準は現金や政府預金から受ける変動や日々の資金繰りの予想外の動き、補完貸付制度の金利などによると考えられるが規模は大きくないと思われる。

　日銀にとっては以上の現金の保有ニーズ、政府預金と日銀預け金の決済用の保有ニーズが受動的に対応しなければならない負債の規模で、日銀はその負債を供給するために見合いの資産を取得・保有する必要がある。これが日銀の資産規模の最小限と考えられる。

●日銀預け金の総額は日銀がコントロール

　3種類の決済手段のうち現金の発行・還流は、大部分が一般銀行を通じて行われる。すなわち日銀預け金を通して現金の流通量が増減し、現金の需要が高まり現金の引出しが大きくなると日銀預け金から現金に振り替わって需要を満たす。減少・還流の場合はその逆に現金から日銀預け金に振り替わる。

　日銀は資産規模を調整してこの現金の需要に受動的に応えていくことになるが、直接的には現金の需要を反映した日銀預け金の総額の変化に対して調整を行っている。たとえば、12月には現金の引出しが大きくなり、その結果、日銀預け金の残高が減少するため減少分を元に戻す調整（国債を購入して日銀預け金を増加させるなど）を行う。

　政府が行う大部分の歳入・歳出が日銀預け金との振替えによって決済されるため、政府預金の変動は日銀預け金の総額の変動を伴う。決済のための流動性準備以外は政府預金のベースとなる需要はないと考えられるため、もっぱら歳入・歳出のタイミングのズレによる残高の変動が中心であり、これは日銀預け金の変動に反映される。

　また、政府対民間の国債取引（国債の引受けや民間が保有する国債の償還）

も日銀預け金と政府預金間で決済されるため日銀預け金総額の変動要因となる。

　一方、政府と日銀との直接取引（日銀による国債の引受けや日本銀行が保有する国債の償還、政府の余資を現先取引に振り替えるなど）では日銀預け金は変化せず、政府預金と日銀の資産と両建ての動きか日銀の他の負債サイドの項目との振替えとなる。

　上記の現金と政府預金の増減の結果が日銀預け金の増減に反映されるが、減少した日銀預け金総額を元の水準に戻すこと、あるいは増加した総額を元の水準に戻すことは既述のとおり日銀にしかできない。減少した水準で日銀が放置すると、一般銀行間では日銀預け金の資金不足を補うことができないため資金不足となった銀行が日銀から任意に借り入れられる補完貸付制度により調達することになる。これは日銀が貸付資産を増加させて日銀預け金を受動的に供給したことになる。一方、増加した水準で放置すると総額で資金余剰となり必ず資金を余らせる銀行が発生する。

　日銀は資産規模を増減させることによって日銀預け金の総額を任意の水準に設定することができる。各日銀預け金保有者が円滑に決済できるバッファーとしての需要の金額を最低限として、現行の準備預金制度のように銀行の預金金額に比例する金額や、銀行の総資産に比例する金額、あるいは量的緩和の目標金額など任意の水準を設定することができ、その水準になるように資産規模を調整することになる。

●資金市場が円滑に機能していない場合

　ここまでは、日銀預け金保有者間では円滑に資金取引が行われ、日々の決済の結果として資金余剰となった銀行（金融機関）から資金不足になった銀行（金融機関）へ資金貸借取引で資金供給され、日銀は総額の調整を行えばよいという前提で議論を展開してきた。

　特定の銀行（金融機関）に信用不安が発生し、他の銀行（金融機関）が短期金融市場で資金貸付を制限する状況になると、日銀預け金総額では過不足がなくても調達困難な銀行（金融機関）の資金不足に対し資金過剰な銀行

（金融機関）から資金供給されない状況になる。金融機関間の短期金融市場で信用不安が発生している場合は一般の顧客が行う預金取引や資金取引でも信用不安が発生している場合が多く、預金者が特定の銀行（群）から他の銀行（金融機関）に資金シフトさせやすいため特定の銀行（群）の資金不足、他の銀行（金融機関）の資金余剰となりやすい。

　その場合日銀が調達困難な銀行（金融機関）に対して適格担保がある限り、貸付を行うことになる。その結果、資金不足の銀行（金融機関）の資金不足が解消され資金余剰の銀行（金融機関）の資金余剰が残るため日銀預け金の総額ベースで資金余剰となる。

　日銀の金融政策が日銀預け金の法定準備預金額を超える状況（超過準備の状況）を発生させない方針の時期は資金吸収オペによって資金余剰を解消する。すなわち、売出手形など、日銀の他の負債等に日銀預け金を振り替えて日銀預け金総額を法定準備預金額に着地させる。

　図表2－18は1992年1月から2011年12月までの月次の準備預金、超過準備、金融調節目的による日銀負債残高等、無担オーバーナイト金利の推移である。

　超過準備を発生させなかった時期で、金融危機の状況にあった1997年、1998年の金融調節目的による日銀負債残高等が著しく多額となっている。金融機関間の短期金融市場が機能せず日銀が信用不安のある金融機関に貸付、資金の余った金融機関から資金吸収オペで余剰を解消していたことがうかがえる。

　超過準備を発生させていた時期は、超過準備が信用不安に起因する資金偏在の結果なのか政策によるものかは残高だけでは判然としない。

●サークルＣとサークルＢの量的関係

　これまで述べたように、資金市場が円滑に機能している限り一般銀行のファンディングは自動的に行われるため、一般銀行全体では無制限にバランスシート（図表2－16のサークルＢ）を拡大できることになる。

　このとき、一般銀行が必要とする日銀預け金の総額は法定準備預金額に資

金決済のバッファーとして必要な少額を加算した金額があればよく、この必要最小限の日銀預け金が供給されている限りサークルBは自律的に拡大できる。一方、日銀預け金総額は日銀でしか調整できないことから、逆に日銀は円滑な決済のために必要最小限の金額は必ず供給しなければならないことになる。

　この結果、資金市場が円滑に機能している限り一般銀行の資産負債規模（サークルBの規模）は自律的に拡大縮小され、この拡大能力は中央銀行の資産負債規模（サークルCの規模）が必要最小限以上でありさえすればサークルCの規模とは無関係である。

　サークルCの大きさは日銀が資産規模をどこまで拡大するかにより原理的には無制限に拡大できる。サークルCを拡大したときサークルBの大きさ、さらに一般銀行以外の金融資産の規模（サークルAの規模）にどのような影響を与えるかは日銀が誰から資産を購入・取得するかによる。

① 　一般銀行から購入する場合

　たとえば、一般銀行から国債を購入する場合は、一般銀行の資産の構成が国債から日銀預け金に替わるだけで一般銀行の資産負債規模（サークルBの規模）は変化しない。また銀行以外の主体の金融資産・負債も変化しない。

② 　一般銀行へ貸し付ける場合

　日銀が一般銀行に貸付を行い金融資産（貸付債権）を取得する場合は、一般銀行の負債（借入れ）と日銀預け金が両建てで増加する。一般銀行の資産負債規模は増加するが対日銀向けの資産・負債が両建てで増加するだけで銀行以外の主体の資産・負債に影響することはない。したがって一般銀行全体では日銀からの借入れが貸付などの他の資産のファンディングになることもない。一般銀行への影響は日銀向け資産負債が両建てで増加すること、預け金金利と借入金利の金利差が損益に反映すること、日銀宛ての適格担保が使用されることである。

③ 　銀行以外の金融機関から購入する場合

　たとえば、生保から国債を（証券会社経由で）購入すると生保の資産内容が国債から流動性預金に替わり、一般銀行は日銀預け金と流動性預金が増加

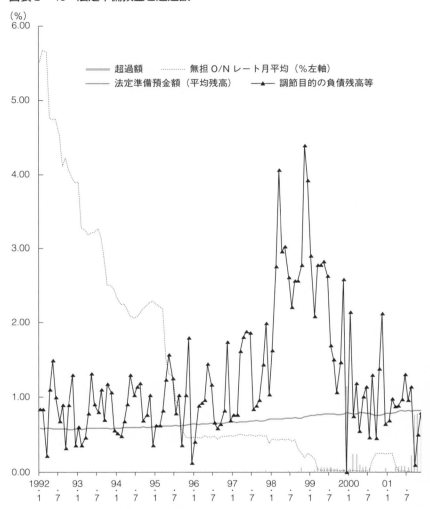

図表 2 −18　法定準備預金と超過額

（注）　超過額＝準備預金額（平均残高）−法定準備預金額（平均残高）
　　　　調整目的の負債残高等は（参考）残高／国庫短期証券売却、（参考）残高／国債売
　　　　無担Ｏ／Ｎレート月平均は、短期金融市場金利コールレート（月次）
（出所）　日銀時系列統計データ

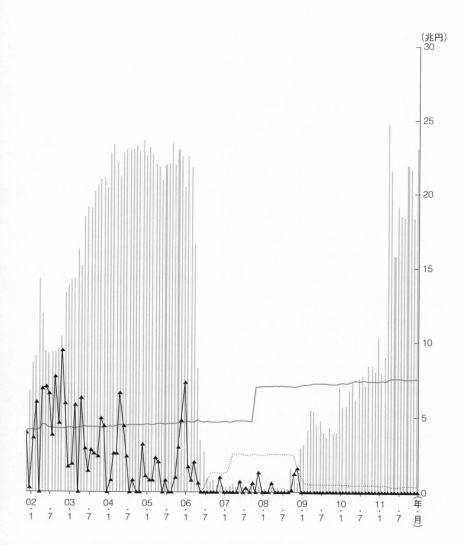

現先、（参考）残高／手形売出、（参考）残高／短国売現先の合計

し、サークルBは拡大する。生保の資産が国債から流動性預金に替わると、流動性預金を他の資産に振り替えようとする動機が高まると考えられる。

生保が流動性預金を非金融法人や家計向けの貸付や新発社債の取得に使用した場合は、銀行以外の主体の金融資産・負債が増加する。既存の円建て金融資産を取得した場合は銀行以外の主体の資産・負債規模は変化せず、売り手の資産の項目が流動性預金に振り替わる。

生保が流動性預金で外貨を購入して外国債を取得した場合は、海外部門の金融負債（外国債）と海外部門の金融資産（円建て資産）が増加し、海外部門（非居住者）が取得した円建て資産が直接あるいは資産売却者を通して生保が当初保有していた流動性預金の代替として銀行負債となる。

④　非金融機関から購入する場合

たとえば、家計が保有する国債や株式を（証券会社経由で）取得した場合、家計の資産が流動性預金に替わり、一般銀行は日銀預け金と流動性預金が増加し資産・負債規模は拡大する。

⑤　中央政府から国債を購入する場合

中央政府から国債を（金融機関を通して）取得すると中央政府の負債が増加し、中央政府が取得した資金は経費の支出や公共投資など歳出として非金融元本取引で使用され、家計や非金融法人企業などに流動性預金で支払われる。結果として中央政府の国債（負債）が増加し、非金融主体の流動性預金（資産）が増加し、両者を仲介する一般銀行の日銀預け金と流動性預金の資産・負債、中央銀行の保有国債と日銀預け金の資産・負債の増加となる。

この場合、銀行以外の主体の資産・負債の増加となるが、中央銀行が国債を購入しない場合でも一般銀行の国債（資産）・流動性預金（負債）の増加が起こり、結果は銀行以外の資産・負債は同じ結果になり、一般銀行は資産の内容が日銀預け金か国債の相違だけで資産・負債規模は同じ効果となる。

⑥　外貨を購入し外貨建て資産を購入する場合

現状は行われていないが、外貨を円対価で購入し、たとえば外国債を取得すると日銀は資産で外国債、負債で日銀預け金が増加する。これと見合いに海外部門の金融負債（外国債）と海外部門の金融資産（円建て資産）が増加

する。海外部門の円建て資産は非居住者円預金（マトリックス上は一般銀行の流動性預金）などの一般銀行の負債が直接増加するか、あるいは他の円建て資産を購入した場合は資産売却者との決済を通して一般銀行の流動性預金（一般銀行の負債）が増加し、対応する日銀預け金（一般銀行の資産）が増加する。

第 **3** 章

日銀預け金による
国債の代替効果

●日銀の負債の性質

日銀が円建て日本国債（以下「国債」）を資産として保有した場合、そのファンディングとして日銀預け金（日銀当座預金）もしくは現金（紙幣、日銀券）が供給・発行される。その日銀預け金は金融機関が、現金は一般経済主体が、資産として保有する。

日銀が国債を保有し続ける限りこの構成は続き、それは日銀が国債を日銀預け金もしくは現金に変換、代替させていることになる。

図表3－1は日銀の主な資産・負債項目のマトリックスであるが、国債の代替効果という切り口で各負債の性質を整理してみる。

① 現　　金

現金は多数の主体が決済や貯蔵用のニーズで保有する。銀行預金から制限なく交換できるため需要にあわせて発行する必要があり、この需要は日銀にとって受動的に決まる。したがって国債の代替効果という意味合いは薄く、国債は現金をニーズに従って発行するために取得する資産という意味合いが強い。

② 政府預金、その他対外債権債務

政府預金は中央政府のみが保有し歳出に充てられる。中央政府の需要次第で日銀にとっては受動的に決まる。また、その他対外債権債務（負債）は各

図表3－1　日銀の資産・負債項目（2021年6月末）　　（単位：兆円）

資産項目		負債項目	
－日銀貸出金	132	－現金	122
－国庫短期証券	31	－日銀預け金	538
－国債・財投債	509	－政府預金	27
－事業債	8	その他対外債権債務	25
－ＣＰ	3		
－投資信託受益証券	52	金融資産・負債差額	41
その他共合計	752	その他共合計	752

（注）　マトリックスは2021年9月公表の2021年第2四半期速報、中央銀行ストック。

国の中央銀行等からの預金である。この需要も日銀にとって受動的に決まり、その需要にあわせて資産（国債）を保有して供給する意味合いが強い。

③　日銀預け金

日銀預け金は520社程度の金融機関が決済手段として保有している。純粋な決済手段としての需要は、金融機関間の資金貸借市場が円滑に機能している限り多額ではない。それ以外は法定準備も含め日銀が任意の金額を定めそれにあわせて資産保有の水準を決定するか、あるいは種類と金額を決めて資産を取得し結果として日銀預け金が増加するかである。いずれにしても日銀預け金は国債の代替資産としての性質が最も強い。

●日銀預け金増加の波及効果

日銀が銀行以外から資産を取得すると、資産の売り手に預金が渡り銀行のバランスシート上では日銀預け金と預金が拡大し銀行に資金が流入する。資産の売り手は元の資産から預金に変わるため取得した預金を預金以外で運用するインセンティブが高い。日銀が保有している金融資産のうち投資信託受益証券（上場株式・リート）、CP、事業債はこの性質が強いと考えられる。国債も年金等の銀行以外から取得した場合は同様だと考えられる。

日銀が銀行から資産を取得すると、銀行の保有資産が日銀預け金に替わるだけで銀行のバランスシートは拡大せず負債サイドの預金の保有者も変化はない。

日銀が銀行に貸付を行い金融資産（貸付債権）を取得する場合は、銀行の負債（借入れ）と日銀預け金が両建てで増加する。銀行のバランスシートは拡大するが日銀向けの資産負債が両建てで増加するだけで銀行以外の主体の資産負債に影響することはない。銀行から借入れを行っている債務者は日銀預け金を保有しておらず、したがって日銀預け金が貸付のファンディングになることもない。銀行への影響は日銀向け資産負債が両建てで増加すること、日銀預け金金利と日銀からの借入金利の金利差が損益に反映すること、日銀宛ての適格担保が使用されることである。

日銀貸出金の内訳とその金利、および日銀預け金サイドに日銀貸出金残高

図表３－２　日銀貸出金の内訳と日銀預け金金利

	2021年６月末残高 （兆円）	貸出金金利 （％）	日銀預け金金利 （％）
新型コロナ対応金融支援 特別オペ（コロナオペ）	69.4	0	カテゴリーⅠは0.20 カテゴリーⅡは0.10
被災地金融機関支援オペ	0.5	0	0
貸出支援基金（成長基盤 強化支援資金供給）	5.3	0.10	0
貸出支援基金（貸出増加 支援資金供給）	54.5	0.10	0

に応じてつけられた金利は図表３－２のとおりである。

　新型コロナ対応金融支援特別オペ（以下、コロナオペ）のカテゴリーⅠは政府の新型コロナウイルス感染症対策融資と同条件のプロパー融資残高に相当する金額で５兆円弱、カテゴリーⅡはそれ以外のコロナオペ残高である。

　ある銀行がコロナオペで日銀から1,000億円借り入れると日銀預け金が1,000億円増加し、全額カテゴリーⅡであったとすると当該銀行は借入れの支払利息としてゼロを、日銀預け金の受取利息として0.10％を受払いする。またこのほかにマクロ加算残高として借入金額の２倍の2,000億円が加算されることから当該銀行は調達金利が０％以下ならさらに1,000億円まで資金調達するインセンティブがつく。

　日銀預け金の総額が538兆円と法定準備預金額12兆円の45倍に達しており、個別の銀行でも日銀預け金が不足する銀行はまずないと考えられること、日銀貸出金（各種オペ）にはマクロ加算残高を貸出金残高の２倍加算するインセンティブがついており借り入れた銀行はさらに日銀預け金を積み増すインセンティブをもつことから資産負債の両建て状態はそのまま固定される可能性が高い。

　したがって、銀行にとって国債の代替資産としての日銀預け金は日銀貸出金見合い部分を除いた金額である。

●日銀預け金の現状

　日銀は2016年２月以降、補完当座預金制度の適用金利を３種類に分ける三層構造を導入している。

　図表３－３は2021年６月現在の三層構造であるが、①三層構造以前の超過準備預金に適応されていた＋0.10％を引き継いだ基礎残高、②原則０％が適用されるマクロ加算残高部分、③政策金利－0.10％が適用される政策金利残高に分けられる。

　①基礎残高と②マクロ加算残高は各金融機関ごとに上限があり、②の上限を超える金融機関の超過金額に③の政策金利－0.10％が適用される。

　既述のとおり日銀は日銀預け金の金額や実質期間、付利などの条件を任意に設定でき、日銀預け金への付利を銀行へのインセンティブとしている。現状のインセンティブは各種貸出オペの残高の２倍をマクロ加算残高に加算する（オペ１階部分とオペ２階部分）こととオペ１階部分の一部に金利を上乗せすることである。オペ１階部分の日銀預け金は対応する日銀貸出金と両建てで固定されており金利差の受払いだけでその他の波及効果はなく銀行の裁定取引や国債保有の代替効果を考える際には除外するのが適当である。

　日銀預け金につけられたインセンティブにはこれらのほか、地域金融強化のための特別当座預金制度がある。これは地域金融機関の経営基盤強化に向けた取組みを後押しするため、３年間（2020年度～2022年度）の時限措置として、OHRの改善や経営統合等など一定の要件を満たした地域金融機関に対し基礎残高とマクロ加算残高へ＋0.10％の追加的な付利を行うものである。

　以上のような金利体系になっているため日銀預け金を保有する銀行は置かれたポジションによって次のような裁定取引の動機をもつと考えられる。

a：基礎残高枠に余裕がある銀行は＋0.10％未満であれば資金市場で資金調達したい。

b：マクロ加算残高枠に余裕があって特別当座預金制度の対象行は＋0.10％未満であれば資金市場で資金調達したい。

図表３－３　補完当座預金制度の三層構造（2021年６月積み期平残）

（単位：兆円、％）

	上限額	実額	枠空き額	適用金利
①基礎残高　基準平均残高（2015年の平均残高）－法定準備預金額	207.7	207.5	0.3	＋0.1
②マクロ加算残高	293.4	274.3	19.1	
基準平均残高×基準比率	42.9	N.A		0
各種オペの残高（オペ１階部分）	128.3	128.3		
カテゴリーⅠ　コロナオペ（プロパー分）	4.7	4.7		＋0.2
カテゴリーⅡ　コロナオペ（プロパー分以外）	64.4	64.4		＋0.1
カテゴリーⅢ　貸出支援基金・被災地オペ	59.2	59.2		0
各種オペの2016年３月末対比での残高増加額（オペ２階部分）	100.8	N.A		0
MRF特則・新規先特則に基づく金額	9.3	9.3		0
法定準備預金額	12.1	12.1		0
③政策金利残高　補完当座預金残高から①と②を控除した金額		27.7		－0.1
補完当座預金制度平均残高合計（①＋②＋③）		509.5		
補完当座預金制度外当座預金平均残高合計		22.9		
日銀当座預金平均残高		532.4		

（注１）　①②は日銀『業態別の日銀当座預金残高』内の『付利の対象となる当座預金残高』のプラス金利適用残高とゼロ金利適用残高の上限値と実績値。③は同じくマイナス金利適用残高。

（注２）　各種オペの残高（オペ１階部分）は、日銀『貸出促進付利制度』の貸出促進付利制度のカテゴリー別残高（2021年６月）による。

（注３）　各種オペの2016年３月末対比での残高増加額（オペ２階部分）とMRF特則・新規先特則に基づく金額は、日銀『業態別の日銀当座預金残高』内の『付利の対象となる当座預金残高』による。

（注４）　法定準備預金額と日銀当座預金平均残高は日銀『業態別の日銀当座預金残高』による。

（注５）　基準平均残高×基準比率と補完当座預金制度外当座預金平均残高合計は残差とした。

ｃ：マクロ加算残高枠に余裕があって特別当座預金制度の非対象行は０％未満であれば資金市場で資金調達したい。

ｄ：政策金利残高をもつ銀行は－0.10％超であれば資金市場で資金運用し政策金利残高を減らしたい。

　このうちａの銀行は厳密には特別当座預金制度の対象行であるか否かでさらに分けられるが、図表３－３にあるように基礎残高の枠空き額は少額であること、またｂはまだ実施先が少ないと思われることから資金市場の裁定取引で問題となるのはｃ、ｄの銀行だと考えられる。

　日銀は資産取得によって日銀預け金を増加させてきているが政策金利残高を必要最低限の残高になるようにマクロ加算残高を調整している。調整は図表３－３のマクロ加算残高部分の基準比率を毎月見直すことで行っており、2021年６月の積み期間（当月16日から翌月15日までの期間）は日銀サイトの補完当座預金制度では「2021年６月積み期間：19.0％　これにより、日銀当座預金のうち、マイナス金利が適用される政策金利残高（銀行間で裁定取引が行われたと仮定した金額）は、５兆円程度となる見込み」とされている。

　これはｃとｄとの裁定取引によってマクロ加算残高の枠空きはなくなることを想定しているが、実際には枠空きが残っており、政策金利残高も想定よりも大きくなっている。

　この状況について日銀は2021年３月公表の「より効果的で持続的な金融緩和を実施していくための点検【背景説明】（補論４）補完当座預金制度の運営状況」で「政策金利残高は、それを有する取引先とマクロ加算残高枠の未利用分を有する取引先との間で裁定取引が行われることにより、短期金融市場におけるマイナス金利創出力が維持されるために必要最低限の残高（「完全裁定後政策金利残高」）に向けて圧縮されることが想定されている。もっとも、実際には、取引コスト等の存在を背景に、完全には裁定が行われていない。その結果、恒常的に、政策金利残高が完全裁定後政策金利残高を上回り、その一方で、マクロ加算残高枠の未利用分が存在する状態となっている。また、マクロ加算残高枠の計算に際しては、各種オペの利用インセンティブを付与する観点から、その残高（「オペ１階部分」）に加え、2016年３

月末対比での残高増加額（「オペ２階部分」）を算入することとしている。この点、コロナオペ等の利用増加に伴いマクロ加算残高枠に占めるオペ関連部分が拡大するもとで、その拡大分ほどには当座預金残高が増加せず、このところ、マクロ加算残高枠の未利用分が増加傾向にある。各種オペの利用増加を背景に、マクロ加算残高枠に占めるオペ関連部分が拡大していることから、基準比率による調整部分が縮小している。この結果、基準比率は10～15％程度まで低下している」とし、基準比率の下限をゼロとしそれを下回る

図表３－４　補完当座預金適用先の状況（2019年12月～2021年６月の変化額）

	プラス金利適用残高の上限値	プラス金利適用残高	ゼロ金利適用残高の上限値	ゼロ金利適用残高
都市銀行	−0.8	−0.8	52.2	52.1
地方銀行	−0.5	−0.3	45.2	44.0
第二地銀協加盟行	−0.1	−0.1	7.2	6.3
外国銀行	0.0	0.9	−2.8	−1.0
信託銀行	0.0	0.0	2.2	2.3
その他準備預金制度適用先	−0.3	0.2	18.4	13.9
準備預金制度適用先（A）	−1.6	0.0	122.5	117.6
準備預金制度非適用先（B）	0.0	0.1	7.6	6.9
うち証券	0.0	0.1	−0.5	−0.1
補完当座預金制度適用先合計（A＋B）	−1.7	0.0	130.1	124.5
オペ２階部分の増加額			73.9	

（注１）　日本銀行統計サイトの時系列『業態別の日銀当座預金残高』内の『付利の対象と
（注２）　日銀貸出金は月末残高対比で成長基盤強化を支援するための資金供給におけるド
　　　　　国内銀行の内訳は日銀「民間金融機関の資産・負債」により、信託銀行は残差。
　　　　　ドル資金を除いた各種オペの残高増加は82.2兆円でそのうちコロナオペが69.4兆
（注３）　信託銀行は2020年７月末の再編でその他準備預金制度適用先への移行があり上表
（注４）　基準平均残高は2021年６月の基礎残高＋法定準備預金額とし、−0.125は2019年

調整が必要な場合はオペ2階部分に0～1の加算比率を乗じて調整する等の対応策を示している。

　図表3－4はこうした日銀の対応を補完当座預金制度適用先ごとに確認してみたものである。

　新型コロナウイルス感染拡大の影響のない2019年12月からの1.5年で補完当座預金制度適用先の当座預金残高は128.3兆円増加している。このうち日銀貸出金増加額（オペ残高増加額）は82.2兆円あり、この部分は既述のとお

（単位：兆円）

ゼロ金利適用枠空き額	マイナス金利適用残高	当座預金残高合計	日銀貸出金増加額	基準平均残高×−0.125	【参考】2021年6月ゼロ金利適用枠空き額	【参考】2021年6月マイナス金利適用残高
0.1	0.0	51.3	33.8	−10.7	0.2	0.0
1.2	0.1	43.8	24.1	−2.2	2.2	0.1
0.9	0.0	6.2	3.9	−0.5	1.5	0.0
−1.8	1.1	1.0	0.0	−2.8	0.5	7.2
−0.1	0.8	3.1	4.0	−1.7	0.1	3.3
4.5	0.7	14.8	11.8	−7.3	9.3	15.1
4.8	2.7	120.2	77.5	−25.1	13.7	25.7
0.7	1.0	8.0	3.6	−2.4	5.3	1.9
−0.4	−0.2	−0.3	0.2	−0.7	0.2	0.7
5.5	3.7	128.3	81.1	−27.5	19.1	27.7

なる当座預金残高』による。
ル資金を含む。2021年第2四半期速報マトリックスによる。

円。
は移行推定値（2020年8月と6月の変化額）を調整したもの。
12月の基準比率31.5％と2021年6月の19.0％の差。

り両建て取引で固定されていることから、この82.2兆円を除いた46.1兆円が国債等を購入したことによる増加部分、いわば「真水」の増加部分である。真水の増加46.1兆円に対しインセンティブとして付与したマクロ加算額（オペ2階部分）増加が73.9兆円と真水の増加を大幅に上回るため基準比率を2019年12月の31.5%から2021年6月の19.0%へと低下させマクロ加算枠残高全体を27.5兆円圧縮している。

コロナオペは日銀貸出金金利が0%、対応する日銀預け金の金利が+0.10%または+0.20%で住宅ローン等の既存の民間向け貸出や社債残高に対して借り入れることができる。この強い収益インセンティブにより残高が急増している。オペ残高の増加額とほぼ同額のオペ2階部分によりゼロ金利適用残高の上限値（マクロ加算上限値）が増加する一方基準比率の引下げにより減少させていることから外国銀行のようにオペにほとんど参加していないセクターは基準比率の引下げ分-2.8兆円がそのままゼロ金利適用残高の上限値のマイナスとなり、結果としてマイナス金利適用残高をさらに増やしている。オペ残高を大幅に増加させている都銀、地銀、第二地銀ではゼロ金利適用残高の上限値も大幅に増加したが、地銀と第二地銀では埋めきれずゼロ金利適用枠空き額も増加した。

その他準備預金制度適用先はマトリックス上の農林水産金融機関と中小企業金融機関等であり、ゆうちょ銀行や農林中央金庫などの巨大金融機関と中小金融機関が混在している。オペ残高を増加させゼロ金利適用残高の上限値を増加させているが、ゼロ金利適用枠空き額も増加している一方でマイナス金利適用残高も増加しており、ゼロ金利適用枠空き額を埋めきれない先とマイナス金利適用残高を落とせない先が混在しているものと考えられる。なお、2019年12月も2021年6月も日銀が想定している完全裁定後政策金利残高は5兆円で同一であるが図表3-4のとおりこの間でゼロ金利適用枠空き額は5.5兆円増加し、マイナス金利適用残高は3.7兆円増加と完全裁定からの乖離は拡大している。

マイナス金利適用残高をもつ金融機関がdに、ゼロ金利適用枠空き額をもつ金融機関がcに該当し、日銀としてはdからcにコールローン等で資金運

用される裁定取引を想定している。日銀貸出金やゼロ金利適用残高の上限値の大きさから資金の取り手は主に都銀と地銀であるがゼロ金利適用枠空き額をもつ金融機関は中小企業金融機関等のその他準備預金制度適用先や地銀、第二地銀が多い。

●短期市場金利の誘導方法に関する懸念

こうした短期市場金利の誘導方法に関しての懸念事項は、政策金利を変更した場合に取引金利のレンジが広くなり政策金利に収れんしない可能性があること、また、信用リスクや資本コストに比べて利鞘が小さいことである。

cのマクロ加算残高枠に余裕がある金融機関は0％未満であれば資金市場で資金調達したいのに対しdの政策金利残高をもつ金融機関は−0.10％超であれば資金市場で資金運用したいはずであり、短期市場取引の金利レンジは−0.10％から0％となる。現状は政策金利とマクロ加算部分の適用金利差が0.10％と小さいため影響は小さいが、仮に政策金利を−0.30％、マクロ加算部分を現状維持の0％とした場合には金利レンジは−0.30％から0％となる。逆に政策金利を0.30％、マクロ加算部分を現状維持の0％とした場合には金利レンジは0％から0.30％となり短期市場の金利が政策金利に収れんしづらくなる。

市場金利を政策金利に収れんさせるにはマクロ加算部分の枠空き額にマクロ加算部分適用金利−政策金利のペナルティー（プレミアム）金利を適用すればよく、その結果としてマクロ加算部分の適用金利と政策金利を分離して決めることができる。日銀預け金を国債の代替資産ととらえたときの適用金利は政策金利とは分離して決定するほうが合理的だと考えられる（ペナルティー（プレミアム）金利のモデルは本章末の補論参照）。

マイナス金利適用残高がある業態グループからゼロ金利適用枠空き額があるグループへの資金放出を考えると、信用リスク上の制限や自己資本比率規制下の目標利益に比して利鞘（最大で0.10％）が小さすぎるようにみえる。

資金放出の自己資本比率規制上の必要収益を推計すると、リスクウェイト20％、目標自己資本8％、目標ROE5％、実効税率30％で0.11％（＝0.08×

$0.2×0.05/0.70$）となる。これは在日外銀ではかなり甘めな設定と考えられる。また、レバレッジ比率規制上の必要収益は邦銀のレバレッジ比率３％基準でも目標ROE5％、実効税率30％で目標利鞘は0.21％（＝$0.05/0.70×0.03$）となる。米銀の場合のレバレッジ比率は最低６％で目標ROEも高いため目標利鞘は0.60％は超えると考えられる。もちろん各金融機関の状況によって裁定目的の資金運用取引の採択基準は異なるが、在日外銀のマイナス金利適用行が資金放出を拡大する可能性は低い。

　一般的には銀行のクレジットライン（各金融機関間取引の取引上限額）は保守的に設定されており、特に資金放出はデリバティブ取引など他の取引に比してクレジット枠の消費が大きいため制限的である。実際、コールの出し手の中心は投資信託等の非銀行である。

　日銀は各種オペのインセンティブとしてオペ金額の２倍のマクロ加算残高（オペ２階部分）を付与する一方、政策金利のマイナス金利残高を必要最低限になるようマクロ加算残高全体を制限している。このため日銀預け金の真水の増加分を超えてオペ２階部分の増加が起こるとマクロ加算額の新規の枠増と既存枠減が同時に起こりインセンティブが減殺される。採算やクレジットリスクから裁定取引に参加しない先のマイナス金利残高が増えたり、地域金融強化のための特別当座預金制度のような金利のインセンティブが大きくなると資金の取り手サイドの需要が大きくなり、短期市場の金利が政策金利よりも上昇する可能性が高くなる。またレバレッジ比率規制や自己資本比率規制と低採算の資金の裁定取引は相容れないものと考えられる。

　現状の日銀預け金の構造は「マイナス金利付き量的・質的金融緩和」政策当初の政策金利と資産保有のファンディング部分の適用金利を分離する３層構造のマクロ加算部分に、両建て取引によるオペ１階部分の利鞘付与とオペ２階部分の枠増加のオペ参加に対するインセンティブをつけ、さらに地域金融強化のための特別当座預金制度のインセンティブ（付利）を法定準備預金を除く全体につけるなど複数の目的をもたせている。このため金融機関ごとのステイタスによって資金取引のターゲット金利が異なり当初の目的があいまいになっている。また、構造が複雑化して全体の目的も不明確になってい

るようにみえる。

●保有資産としての日銀預け金の性質

　国債の代替資産としての日銀預け金の性質は以下のように整理できる。

① 　日銀は資産保有を増加させることによって無制限に日銀預け金を増加させることができる。

② 　日銀預け金を保有する金融機関は、個々の日銀預け金残高を増減させることはできるが、残高合計を自らは変化させることはできない（正確には日銀以外の経済主体間でどんな取引を行っても日銀の負債である決済手段の総額は変化しない（マトリックスの【原理２】））。

③ 　①②は金利水準や期間などの条件にはよらないため、日銀は日銀預け金の金利や存続期間を自ら決定できる。

④ 　③の任意な条件設定は広範囲に及び適用金利を複数個設定することが可能で各金利の適用金額の個別金融機関への割当方法も任意に設定できる。この性質により金融機関に対し各種のインセンティブを設定している。

　　一方、日銀預け金を保有している金融機関からみると、以下のことがいえる。

⑤ 　譲渡不可能な資産で保有金融機関全体では保有不可避な資産。

⑥ 　銀行の場合、レバレッジ比率規制の対象であり譲渡不可なため貸出金など他の資産とレバレッジ比率下で競合し、規模によっては他の資産のクラウディングアウトを発生させるおそれがあったが2020年６月に時限制でレバレッジ比率の対象外となった。一方で日銀貸出増加もあって日銀預け金の金額は増加し続けており本則に戻るときの「崖」が懸念される（2021年６月末マトリックスの国内銀行資産合計のうち日銀預け金は26％を占める）。

⑦ 　調達コストなど保有コストに関係なく適用金利が決まるため採算はひとえに決定された金利による。

⑧ 　国債と異なり譲渡禁止で担保として使用できない。

⑨ 　デフォルトリスクはなく信用リスク上のリスクウェイトはゼロ。

⑩ 　国債と異なり会計上は時価評価されず原価表示され含み損益は認識され

ない。

⑪　④のインセンティブが各金融機関によって異なるため、コール等短期資
金取引のターゲット金利が金融機関ごとに異なる。

●日銀預け金と国債の比較

図表3－5は保有資産としての国債、日銀預け金、現金を比較したもので
ある。日銀預け金は国債に比べ以下のような特徴をもつ。

①　譲渡不可能

日銀預け金は日銀との「当座勘定規定」契約により譲渡または質入れが禁
止されている。金融機関の保有資産として評価した場合、自由に譲渡でき、
担保として広範に受け入れられている国債との最大の違いである。

既述のとおり、日銀預け金の総額は日銀預け金保有者間では増減させるこ
とはできず、日銀の資産保有額に従って受動的に決まる。日銀が大量に国債
を保有した場合、特に大手銀行の日銀預け金の保有額は多額になり個々の銀
行でも減少させることは困難になる。

一方、国債の場合にはたとえば投資信託のような家計が直接保有できるよ
うな形態に転換し、銀行であれば資産（国債）と負債（家計の預金）をオフ
バランス化することができる。日銀預け金の場合は、譲渡不可能なため必ず
資産計上（オンバランス）され、レバレッジ比率規制の対象資産から外す手
段がない。

レバレッジ比率規制下で日銀が大量の国債を保有し、国債を日銀預け金に
変換すると日銀預け金の保有者である銀行にとって貸出金など他の資産保有
と競合し、他の資産をクラウディングアウトする結果となる。

日銀預け金は、現状、2024年3月までの時限制でレバレッジ比率規制の対
象外となっているが、マトリックス上の国内銀行の資産の26％を占め、その
取扱いによりレバレッジ比率は大きな影響を受ける。たとえばメガバンクの
2021年3月末のレバレッジ比率を統合報告書でみると合計のレバレッジ比率
は5.33％であるが総エクスポージャーに占める日銀預け金は21.5％あり本則
では4.19％に下がる。

図表3－5　保有資産としての国債と日銀預け金、現金の比較

	国債（円建て国債）	日銀預け金	現金（紙幣）
発行主体	日本国政府	日銀	日銀
保有者	誰でも購入可	日銀が選定する金融機関（約500社）	誰でも保有可
保有者の特定	振替制度・ペーパーレスによりすべて特定	約500社に限定	匿名
資産種類	有価証券（債券）	当座預金	現金（紙幣）
種類	固定金利債中心で多種	適用金利を多層構造にすることも可	最高額紙幣1万円
金利条件の決定	市場	日銀政策委員会	付利されない
金額の決定	国会	日銀政策委員会	保有者のニーズによる（注1）
残高の上限	市場の購入限界、ただし日本銀行が保有する場合は無制限（注2）	無制限（注2）	保有者のニーズによる（注1）
期限	有期で多種	最終決済手段で無期限（注2）	最終決済手段で無期限
譲渡性	市場で自由に売買	譲渡不可	譲渡可能
担保性	広く担保として受入れ	担保として使用不可	担保として使用可
会計（銀行保有の場合）	時価会計	原価表示	原価表示
デフォルトリスク	なし（注4）	なし（注3）	なし（注3）
銀行の自己資本比率規制上の信用リスク	リスクウェイトゼロ	リスクウェイトゼロ	リスクウェイトゼロ
銀行のレバレッジ比率規制	対象	2020年6月より対象外（注5）	対象

（注１）　現金は銀行預金と自由にコストなく交換でき、多数の保有者が多様なニーズに従って現金保有を行うため、現金発行量は受動的に決まる。

（注２）　日銀は資産を購入・取得の対価を日銀預け金（負債）で支払うため、“無制限なバランスシート拡大能力”をもつ（マトリックスの【原理２】参照）、したがって、日銀が国債を極限まで買い支えようとする場合には国債の発行残高も無制限となる。また、日銀預け金の期限は日銀が資産を保有し続けようとする限り続き期限はない。

（注３）　日銀預け金または現金は最終的な支払手段で、デフォルトの定義はこの支払手段に交換されないことであるからデフォルトはない。

（注４）　日銀の目的である金融システムの安定のためには国債のデフォルト回避は必須でかつ日銀は無制限な（円建て）国債購入能力があることと、日銀も政府と同じく国会のガバナンスのもとにあるため（円建て）国債のデフォルトリスクはないと考えられる。

（注５）　2020年６月30日に日銀預け金がレバレッジ比率規制の対象から除外された。以下は金融庁サイトの同日付報道発表資料「レバレッジ比率規制に関する告示の一部改正（案）等に対するパブリックコメントの結果等について」からの引用である。「足許の新型コロナウイルス感染症の影響拡大が懸念される中、日銀による金融政策と銀行等への健全性規制との調和を図るため、日銀からの要望を受けて、レバレッジ比率を算定するにあたって日銀預け金を除外するべく、所要の改正を行うもの」。この措置は時限制で2021年12月に2024年３月末まで延長されている。

　また、既述のとおりレバレッジ比率規制の対象とされると資本コストがかかる。３％のレバレッジ比率規制下で目標ROE5％の銀行の場合では約0.20％の資本コスト（収益）が必要で日銀預け金の利鞘がこれ以下の場合には貸出金など他の資産への必要コストの振替え・上乗せが必要になる。

　また、銀行はたとえば全銀協の決済システムや各種の取引の担保として国債を広範囲に使用しているが、日銀預け金は質入れ禁止条項があり担保として使用できない。

② 銀行の採算とその反映

　国債市場に参加する銀行はそれぞれの採算に関して強く意識し、その制約下で取引価格を市場に提示している。たとえば銀行のバンキング部門（国債を自己保有する部門）では資金の調達コスト、システムや事務の経費などのコストを強く意識して資産保有を行う。主な調達金利である預金金利の下限がゼロでマイナス金利が適用できないという状況では逆鞘となるマイナス金利の国債の長期保有はできない。同様に生保や年金、投資信託などの運用部門においても、預金金利のゼロ下限制約のもとでの資金提供者の運用期待値

はプラスであり、マイナス金利の国債は保有できない。

　したがって預金金利の下限ゼロの制約を受ける国内の民間金融機関だけで国債市場が形成されるとすれば国債の市場金利はマイナスにはならない。すなわち、民間金融機関だけで構成される国債市場で国債価格が決定されるとすれば民間金融機関はそれぞれの採算の制約のもとで購入価格を提示し、採算の最大の要素である預金金利がマイナスでない限り国債はマイナス金利にはならない。

　政策金利がマイナスのとき、政策金利が適用される日銀預け金を避け代替資産としてマイナス金利で国債を購入するケースはあるが、その場合も超短期の国債に限られる。それ以外の国債の金利がマイナスになる状況は、日銀によるマイナス金利での保有や円転金利がマイナスとなる海外の市場参加者による（円転金利がマイナスとなる構造については第4章「円投・円転とヘッジ付き円投・円転の採算構造」参照）。日銀預け金の金利は国債金利の市場決定と異なり、日銀が任意に決定し金融機関はそれを受け入れるしかないため、採算はひとえに日銀預け金の金利水準とその割当額によることになる。

　第2章でマトリックスの【原理1】として説明したように国債発行（非金融機関の金融負債の増加）は必ず非金融部門の金融資産の増加を伴う。現状の中心的な経路は国債発行に伴って家計の預金が増加するものである（家計は金融資産として銀行預金を選好する割合が高く、したがって預金を供給する銀行は対応する金融資産として国債を保有する）。この国債保有が市場参加を通じて購入される場合は銀行の採算を反映させる機会がある。

　一方、銀行の国債保有が日銀預け金に代替されると銀行にとっては金利や期間、金額の一方的な割当てになり自らが採算を反映させることや、保有資産額の変更はできなくなる。

　預金者の預金選好がなんらかの要因で変化し預金から別の金融資産、たとえば外貨運用の投資信託に移行した場合、国債を保有する銀行は国債の売却で対応できるが、日銀預け金の場合は預金以外の金融負債で調達する必要がある。

　国債残高が増加し、それに伴って家計を中心とした預金が巨額になってお

り、なんらかの要因で10％程度でも預金選好が変化した場合には金融市場に大きな影響が発生することが予想される（預金選好が変化した場合のマトリックス上の予想されるシナリオについては第5章「マトリックスからみた国内経済の脆弱性」参照）。

日銀が量的質的金融緩和政策を始めた2013年3月末と直近の2021年6月末のマトリックスのストックを用いた日銀預け金による国債保有の代替構造の概念図は図表3－6のとおりである。

③　日銀・中央政府連結

日銀は中央政府と同様に国会によるガバナンス下にあり、当期剰余金は国庫に納付している。また、日銀の目的として日銀法は「銀行その他の金融機関の間で行われる資金決済の円滑の確保を図り、もって信用秩序の維持に資すること」としており、財務上の懸念があるような場合には政府による増資

図表3－6　日銀預け金による国債代替概念図

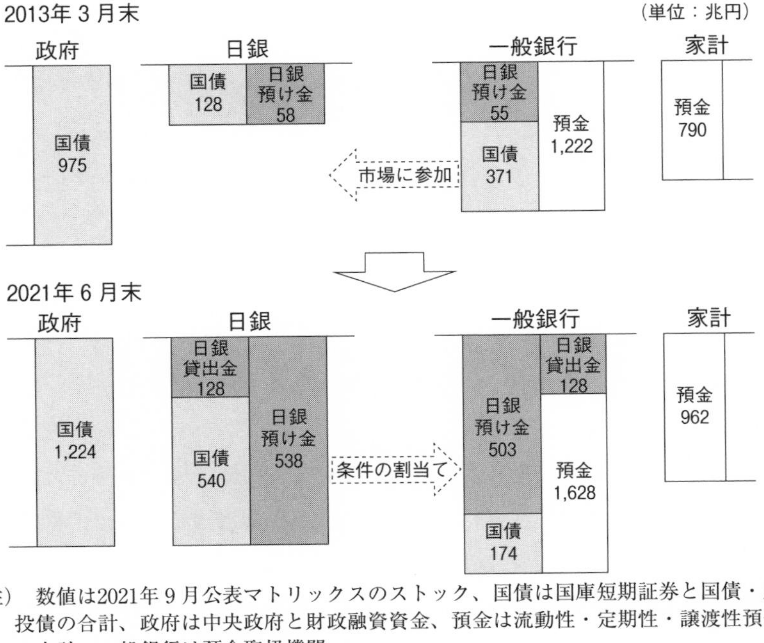

（注）　数値は2021年9月公表マトリックスのストック、国債は国庫短期証券と国債・財投債の合計、政府は中央政府と財政融資資金、預金は流動性・定期性・譲渡性預金の合計、一般銀行は預金取扱機関。

が予想される。このように日銀と中央政府との財務面でのつながりは強く、国債保有の効果も国庫に直接反映されるため中央政府と日銀を連結して考えることは有効だと思われる。

日銀預け金（および現金）による国債代替を中央政府連結としてみた概念図は図表3－7のとおりである。

連結ベースでみると、政府負債の国債のうち日銀保有分は相殺され、対外的な負債は現金と日銀預け金になる。日銀預け金は日銀当座勘定契約がある金融機関が保有し、残りの国債は金融機関や海外を中心に保有されている。

日銀の保有する国債の利回りは2020年度で0.21％程度、2021年6月末時点の日銀預け金の平均金利は0.05％であり、日銀の国債保有を通じて中央政府連結では0.21％の国債の支払利息を0.05％に変換し軽減していることになる。もちろん「長短金利操作付き量的・質的金融緩和政策」による国債の大量購入で実現・維持されている国債の低金利は国債の発行金利全体を引き下

図表3－7　中央政府連結ベースの日銀預け金による国債代替概念図
　　　　　（2021年6月末）

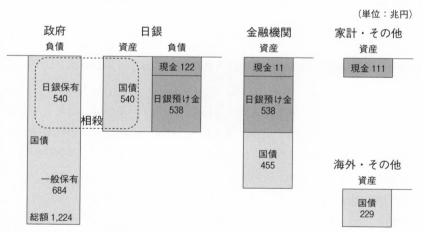

（単位：兆円）

（注1）　数値は2021年9月公表マトリックスの2021年6月末ストック速報値（兆円）、国債は国庫短期証券と国債・財投債の合計、金融機関は日銀以外の全金融機関。
（注2）　日銀の会計・決算サイトの2020年度国債利回りは0.21％。日銀の6月末日銀預け金の平均金利は0.05％。

げている。

④　信用リスク

　日銀預け金は日本円の最終決済手段であり、デフォルト（決済不能）の定義がこの決済手段に交換できないことである以上、日銀預け金にはデフォルトはない。

　一方、国債のデフォルトリスクに関しては、日銀の目的である「信用秩序の維持」、すなわち金融システムの安定のためには国債のデフォルト回避は必須であり、また日銀の無制限な資産保有能力（この場合国債を購入して日銀預け金を増加させること）を前提にすれば国債のデフォルトリスクもないと考えられる。

　同様に、金融システムの安定を脅かすような国債価格の急落（国債利回りの急騰）時にも日銀は国債を必要なだけ購入し急落（急騰）を防ぐと考えられる。

⑤　会計、自己資本比率規制

　国債を金融機関が保有した場合は、満期まで保有する目的で購入した「満期保有目的」以外は時価評価の対象となり時価変動により自己資本に影響する。

　日銀預け金の場合は、実質的に長期の固定金利資産でかつ適用金利が市場金利と大きく乖離した場合でも時価評価の対象にはならず評価損益は発生しない。

　金融機関が中長期国債を低金利で大量に保有している状況で市場金利が大幅に上昇すると評価損により自己資本金額が減少するが、国債の代替的資産の場合は自己資本の即時の減少は起こらず預金金利の上昇により逆鞘が発生し時間をかけて自己資本が毀損する。

　自己資本比率規制の信用リスク上の取扱いは（自国通貨建て）国債も中央銀行宛預け金も同じくリスクウェイトゼロで計算される。金利リスク（市場リスク）は、国債は対象になるが、日銀預け金は当座預金で契約期間がないことからゼロで評価される。

　また、金融機関内部の金利リスク管理上は、負債の流動性預金に対しては

実質的な期間と固定的な金利が存在するという認識で金利リスク管理を行う方法（コア預金の概念）が一般的だが、日銀預け金に対して実質的な期間と固定的な金利があると評価している金融機関は少ないと思われる。

●日銀預け金は最強の調達手段

日銀預け金の特徴を整理すると以下のようになる。

A　日銀は国債を資産として無制限に保有でき、そのファンディングとして日銀預け金を発生させることによって国債を日銀預け金に変換・代替させる効果をもつ。

B　日銀預け金は複数の階層を設定することが可能である。各階層の総額、階層ごとの各金融機関への割当方式、金利は任意に決めることが可能。また、市場金利の起点としての政策金利と保有する国債のファンディング（代替）としての日銀預け金の適用金利を階層構造で分離することができ、政策金利に影響することなく独立して国債代替金利を決定できる。

C　日銀預け金は当座預金であるが、日銀が資産を保有し続ける限り残高は維持され、したがって期限は日銀の任意の期間となる。

D　金額・期間・金利・引受け先とも実質的に日銀が任意に決定できる。また日銀預け金は国債と異なり市場参加者によって金融機関の採算を反映する機会がなく、金額・期間・金利は日銀が任意に決定するため保有金融機関の採算は受動的に決定される。

E　日銀預け金は譲渡や質入れが不可能で、保有金融機関は譲渡や担保利用ができない。したがってレバレッジ比率規制下では銀行は貸出金等の他の保有資産に対して競合し、クラウディングアウトを起こす可能性が高い。

F　中央政府連結でみた場合、日銀の保有国債は相殺され、国債に代替して対外的な負債は日銀預け金（と現金）になり、この部分の中央政府連結の負担は日銀預け金（と現金）の支払コストになる。

G　日銀法は「信用秩序の維持」を日銀の目的の1つとしており、また日銀預け金の構造により無制限の資産保有能力があることから、（円建て）国債のデフォルト、および信用秩序の維持を脅かすような国債価格の下落

（上昇）は日銀の買支えにより防止されると考えられる。

このように日銀預け金は金額・期間・金利を債務者サイドが任意に決定できる債務・調達手段であり「最強の債務・調達手段」だといえる。市場の価格変動の影響を受ける国債発行に比して格段の優位性がある。2021年6月末現在、40％強の国債が日銀預け金に変換・代替され低金利が継続されている

図表3－8　2013年3月末～2021年6月末の国債保有移動と日銀預け金

（単位：兆円）

保有部門	2013年3月末ストック	フロー金額	調整金額	2021年6月末ストック
日銀	128	394	18	540
預金取扱機関	371	－184	－14	174
うち国内銀行	169	－75	－10	85
うち中小企業金融機関等	173	－101	－4	68
保険・年金基金	227	10	13	250
その他金融機関	38	－10	3	31
国内非金融部門	128	－58	－3	67
うち社会保障基金	75	－28	－2	44
内家計	23	－10	0	13
海外	82	78	1	162
合計	975	230	19	1,224

国債発行（負債）	975	230	19	1,224

日銀預け金	58	480		538
日銀オペ残高	3	126		129
ネット日銀預け金	55	354		409

（注1）　マトリックスは2021年9月公表の2021年第2四半期速報による。
　　　　中小企業金融機関等にはゆうちょ銀行が含まれる。
（注2）　日銀オペ残高は貸出支援基金と新型コロナ対応金融支援特別オペの合計。
　　　　日銀「マネタリーベースと日本銀行の取引」による。

が当面はこの状況が継続する可能性が高い（こうした状況が継続されることによるリスクに関しては第5章「マトリックスからみた国内経済の脆弱性」参照）。

日銀と民間金融機関の保有国債と日銀預け金の2013年3月末以降のマトリックス上の推移は図表3-8のとおりである。日銀の国債保有フロー金額と貸出オペ残高を除いたネットの日銀預け金のフロー金額はほぼ同金額で推移し、国債保有はゆうちょ銀行を含む民間金融機関が保有していた国債の売却・償還と国内非金融機関（中心は社会保障基金）の売却・償還、および新規発行増加でまかなわれている。海外部門の国債保有金額の増加要因については国内の円投に伴う海外の円転による円運用が中心だと考えられる。

◆補論　ペナルティー（プレミアム）金利のモデル

三層構造において信用コストや事務コストはゼロと仮定した経済合理的な日銀預け金の残高調整のための取引金利は図表3-9のように決定される。

残高は2021年6月積み期平残で地域金融強化のための特別当座預金制度は考慮していない。

政策金利残高をもつ金融機関は-0.10％超であれば資金市場で資金運用したい、マクロ加算残高枠に余裕がある金融機関は0％未満であれば資金市場で資金調達したい、基礎残高枠に余裕がある金融機関は+0.10％未満であれば資金市場で資金調達したいとのニーズがあり、市場で成立するのは図表の網掛けの部分である。基礎残高枠に余裕がある金融機関が少額であることから市場金利は-0.10％～0.00％のレンジになり金利だけならば政策金利残高をもつ金融機関は資金放出によって残高を減少させるインセンティブが働く。またこの裁定取引が完全に行われれば政策金利残高が5兆円になるようにマクロ加算残高の上限が調整されている。

現状の適用金利は政策金利とマクロ加算金利の差が0.10％と狭いことから市場金利レンジも0.10％と狭くなるが政策金利だけを変更した場合にはこの方法ではレンジが広くなり市場金利が政策金利から乖離することになる。

政策金利のみを-0.30％に変更した場合のレンジは図表3-10のように-0.30％～0.00％となる。

図表3－9　日銀預け金の取引金利

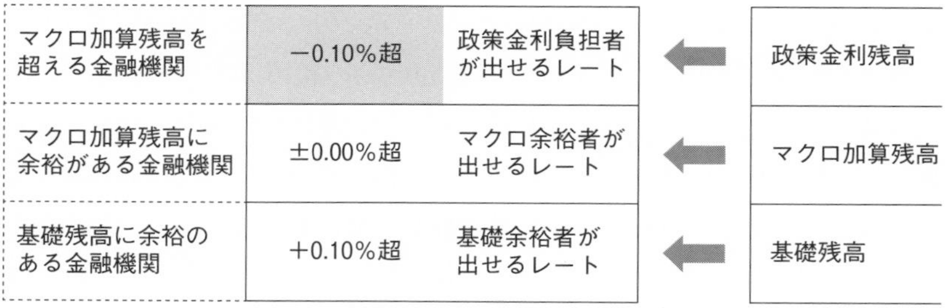

マクロ加算残高を超える金融機関	－0.10％超	政策金利負担者が出せるレート	←	政策金利残高
マクロ加算残高に余裕がある金融機関	±0.00％超	マクロ余裕者が出せるレート	←	マクロ加算残高
基礎残高に余裕のある金融機関	＋0.10％超	基礎余裕者が出せるレート	←	基礎残高

図表3－10　政策金利を－0.30％に変更した場合

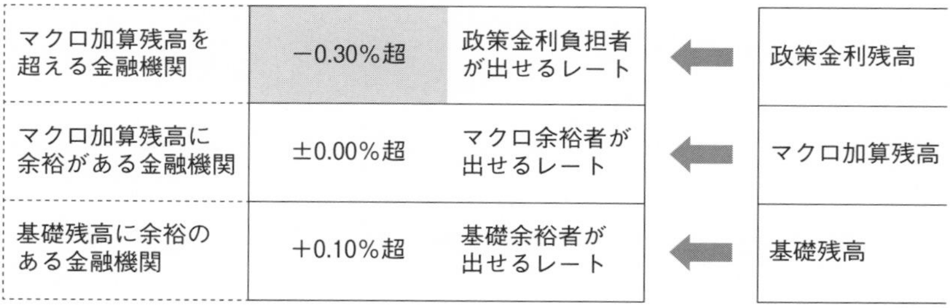

マクロ加算残高を超える金融機関	－0.30％超	政策金利負担者が出せるレート	←	政策金利残高
マクロ加算残高に余裕がある金融機関	±0.00％超	マクロ余裕者が出せるレート	←	マクロ加算残高
基礎残高に余裕のある金融機関	＋0.10％超	基礎余裕者が出せるレート	←	基礎残高

　レンジを政策金利残高をもつ金融機関が資金放出するインセンティブをもちかつある程度に抑えたい場合にはマクロ加算残高の枠空き部分に「０％－政策金利－許容レンジ」のペナルティー（プレミアム）を設定すればよい。図表3－10の例で許容レンジを0.10％とするとマクロ加算残高の枠空きには＋0.20％、基礎残高の枠空きには＋0.30％のプレミアムを設定すればよく、図表3－11のようになる。

　網掛けの部分が市場で成立する金利で、レンジは－0.30％～－0.20％と0.10％の幅になり政策金利残高をもつ金融機関は資金放出するインセンティブをもつ。許容レンジを0.05％とする場合は未使用枠プレミアムは＋0.25％と＋0.35％とすることで金利のレンジは－0.30％～－0.25％となる。

　政策金利だけを0.30％に上げる場合には図表3－12のように枠空きにペナルティーの設定となり市場金利のレンジは＋0.30％～0.40％となる。

　このように最上層の政策金利残高に適用する政策金利とそれ以外の階層の

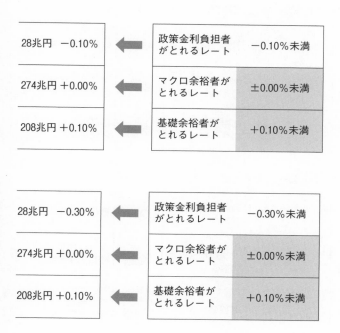

適用金利を完全に分離させるにはそれ以外の階層の枠空きに「その階層の適用金利－政策金利－許容レンジ」のペナルティー（プレミアム）を設定する方法が有効である。裁定取引による市場金利は政策金利＋許容レンジ内になり政策金利を許容レンジ内に収め、かつ各階層の適用金利を任意に設定できる。また階層数も任意に設定できる。

図表3－11　政策金利－0.30%（未使用額プレミアム付き）

マクロ加算残高を超える金融機関	－0.30％超	政策金利負担者が出せるレート	←	政策金利残高
マクロ加算残高に余裕がある金融機関	－0.20％超	マクロ余裕者が出せるレート	←	マクロ加算残高未使用額プレミアム
基礎残高に余裕のある金融機関	－0.20％超	基礎余裕者が出せるレート	←	基礎残高未使用額プレミアム

図表3－12　政策金利＋0.30%（未使用額ペナルティー付き）

マクロ加算残高を超える金融機関	＋0.30％超	政策金利負担者が出せるレート	←	政策金利残高
マクロ加算残高に余裕がある金融機関	＋0.40％超	マクロ余裕者が出せるレート	←	マクロ加算残高未使用額ペナルティー
基礎残高に余裕のある金融機関	＋0.40％超	基礎余裕者が出せるレート	←	基礎残高未使用額ペナルティー

28兆円 −0.30%	政策金利負担者 がとれるレート	−0.30%未満
274兆円 +0.00% +0.20%	マクロ余裕者が とれるレート	−0.20%未満
208兆円 +0.10% +0.30%	基礎余裕者が とれるレート	−0.20%未満

28兆円 +0.30%	政策金利負担者 がとれるレート	+0.30%未満
274兆円 +0.00% −0.40%	マクロ余裕者が とれるレート	+0.40%未満
210兆円 +0.10% −0.30%	基礎余裕者が とれるレート	+0.40%未満

第 4 章

円投・円転と
ヘッジ付き円投・円転の
採算構造

●円投・円転構造の概念

　円対価で直物為替ポジション（資産が外貨で負債が円貨）を伴って外貨建て金融資産を取得することを円投と呼ぶ。また、円転はこの逆で、直物為替ポジションを伴って外貨建て金融負債で円資産を取得することである。

　本書では円投によって発生する構成を「円投構造」、円転によって発生する構成を「円転構造」と称する。

　図表４－１は円投・円転構造の概念図だが、円投・円転の外貨部分のみに着目し、左側に外貨資産もしくは外貨の買い予約、右側に外貨負債もしくは外貨の売り予約を表記している。点線から上部分が資産負債のオンバランス取引残高、下の部分が外国為替の先物予約やフューチャー、オプション取引などオフバランス取引残高を表す（以下「先物予約等」）。

　ヘッジ無円投は経常黒字と調整額の外貨累積に由来する金額と、外貨売買取引由来のアウトライト、すなわち先物為替予約等でヘッジされていない外貨建て資産の合計金額を表す。

図表４－１　円投・円転構造の概念図

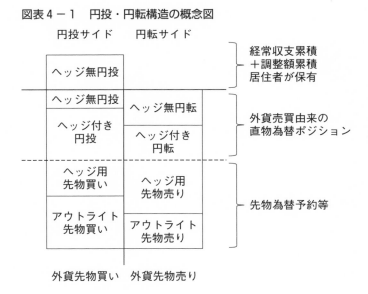

経常黒字と調整額の外貨累積に由来する金額（上部にはみ出した部分）は、国内が対象で外貨建て資産負債をネットでみた資産超過の金額を表している。経常黒字と調整額の累積部分は、円建て資産で保有することもありうるが（この場合対応する非居住者が円建て負債を保有している）、第2章の【原理6】で説明したとおり対外純資産の金額よりも外貨建て資産負債差額のほうがはるかに大きいことから図表4-1のように外貨で保有していると表示した。またドル調達によってユーロ運用をするように外貨対外貨の異種通貨間運用調達もありうるが、ここでは単純化のために円対価の外貨売買によるもののみを対象にし、さらに外貨はドルのみを想定している。

　ヘッジ無円投を2つの部分に分けているが、これはあくまでも概念上の区分であって実際の保有者や保有状況に差があるわけではない。たとえば輸出業者Xが輸出決済でヘッジ無円投を入手しそれを売り、対外直接投資のために企業Yが買った場合、企業Yは外貨売買由来のポジションで保有のための円負債をもつ主体であるが、輸出業者Xは円資産（資金余剰）をもち国内部門全体ではヘッジ無円投が資金余剰となっている。このケースでは、国内部門全体ではヘッジ無円投は経常収支累計額となるが企業Yにとっては市場で外貨を購入して対外直接投資した場合と差はない。

　ヘッジ無円投のうち、外貨売買取引由来の外貨建て資産は非居住者保有部分も含めている。ヘッジ無円転は外貨売買取引由来のアウトライトの外貨建て負債を表し、非居住者保有部分も含めている。外貨売買取引由来の直物為替ポジションは必ず相手が存在し所在地は国内外を問わないため国内だけを対象にしたマトリックスの範囲を超えているものの、概念上はこのように整理できる。円を使用した取引であるため非居住者の取引であってもマトリックスに反映される。円投者とそれに対応する円転者が居住者か非居住者かでマトリックスがどう変化するかについては後述する。

　また、外貨借入れ（外貨建て負債）で調達した外貨で輸入対価を決済した場合は外貨建て売買取引由来ではないヘッジ無円転であるが、この場合は経常黒字と調整額の外貨累積に由来する金額のヘッジ無円投にネットされて表示されているとみなされる。

ヘッジ付き円投は必ずヘッジ用先物売り（ヘッジ用先物外貨売り予約等）をペアで保有している。ヘッジ付き円転は同様に保有者は必ずヘッジ用先物買い（ヘッジ用先物外貨買い予約等）をペアで保有している。

　ヘッジ付き円投とヘッジ無円投、ヘッジ付き円転とヘッジ無円転を分けているが、ヘッジ用先物予約等がついているか否かの差であって保有者や保有状況に差があるわけではない。また、ヘッジ用先物予約等も個別の外貨資産・負債に対応しているケース（個別ヘッジ）も対応していないケース（包括ヘッジ）もある。

　アウトライト先物買いはヘッジ用以外のアウトライトの先物外貨買い予約等を、アウトライト先物売りはヘッジ用以外のアウトライトの先物外貨売り予約等を表す。

　非居住者保有も含めた全体では、「ヘッジ無円投のうち外貨売買由来部分＋ヘッジ付き円投＝ヘッジ無円転＋ヘッジ付き円転〔注1〕」となっている（第2章の【原理6】）。すなわち、外貨売買取引で取得した直物為替ポジションである円投・円転構造は、円投を所有する主体がいれば、必ず円転を同量分保有する主体が存在する。

　したがって、円投が行われるためには必ず円転に応ずる主体が必要であり逆も同様である。為替レートや先物予約レート（為替スワップスプレッド）の水準はどちらの需要がどのくらい強いかによって決まる。また、円投の条件は円投サイドの金融環境や規制だけでなく円投に応じる円転サイドの保有主体の金融環境や規制にも大きく影響される。国内の低金利を背景にした円投需要、すなわちヘッジの有無を問わず円投による外貨建て運用需要に対して米国を中心とした海外の主体による円転供給の場合には、海外の資本規制などの金融環境や各主体がどの円建て資産を選好するかによって条件が大きく影響される。

　もちろん、円投をもつ主体が円転をもつ主体を意識することはなく、各主体がそれぞれ独自のニーズに従って円投、円転を行い複数の銀行が仲介する構造となっており、概念図はあくまでも結果を表示したものである。

　ヘッジ用先物予約等は、ヘッジ目的ゆえに「ヘッジ付き円投＝ヘッジ用先

図表4－2　取引の具体例

ヘッジ無円投	輸出対価をドルで取得、対外投資の配当金を受領、家計が為替ヘッジ無の米国社債投信を購入する、法人企業による対外直接投資、生保のヘッジ無ドル債運用、ドル買い介入
ヘッジ無円転	輸入対価をドルで支払う、ドル建て海外ファンドが日本株を為替ヘッジ無で購入する、ドル売り介入(注)
ヘッジ付き円投	国内銀行の円投による海外向けドル建て融資、生保の為替ヘッジ付きで米国債運用、家計が為替ヘッジ有の外国株投信を購入する
ヘッジ付き円転	米国ファンドの為替ヘッジ付きで日本国債運用、米銀の円転による日銀預け金で運用
アウトライトの外貨買い円売り先物予約	海外ファンドの先物によるキャリー・トレード、FX証拠金取引でドル買い、輸入業者のドル先物買い
アウトライトの円買い外貨売り先物予約	海外ファンドによる円買いポジション保有、FX証拠金取引でドル売り、輸出業者のドル先物売り

(注)　ヘッジ無円転にドル売り介入を含めているが、既存のヘッジ無円投による外貨資産の円対価売却は概念上ヘッジ無円転の増加に含めて考える。逆に既存の外貨建て負債の円対価返済（ヘッジ無円転の減少）もヘッジ無円投の増加に含めている。

物売り」「ヘッジ付き円転＝ヘッジ用先物買い〔注2〕」の関係ができる。また、先物予約等は必ず契約相手が存在することから「ヘッジ用先物買い＋アウトライト先物買い＝ヘッジ用先物売り＋アウトライト先物売り」となる。

　各主体がそれぞれの円投・円転目的で外国為替市場に参加し、銀行がそれぞれの取引を仲介し自らも利用し、結果として各パーツの金額や構成割合はその時々の状況によって変わるが上記の関係は保たれている。

　概念図のそれぞれのパーツの取引具体例は図表4－2のとおりである。

〔注1〕　ヘッジ無円投のうち、経常収支・調整額累計部分までヘッジ付き円投が増加することは理論的には可能である（たとえばヘッジ無円投の保有者の大多数が先物等で為替ヘッジした場合や、為替ポジションを売却し売却先がアウトライト先物買いで為替ポジションを保有し銀行がヘッジ付き円投で仲介する場合）が、規模的に現実的ではないためここでは「ヘッジ無円投のうち外貨売買由来部分＋ヘッジ付き円投＝ヘッジ無円転＋ヘッジ付き円転」とした。

〔注2〕　厳密には将来発生する外貨建て利息も含めてヘッジすることが多いためヘッジ付き円投よりもヘッジ用先物売りのほうが利息分だけ大きいことが多い。またオプション等の契約によるヘッジもあるため厳密には一致しないが概念的な理解として同量とした。

●銀行の役割

　銀行はさまざまな主体の外貨売買取引と為替先物予約取引を、契約の当事者となりながらかつ多くの場合、複数の銀行を経由するかたちで活発に仲介している。

　銀行の一般的な行動はアウトライトの外貨ポジションは超短期かつ少額しかとらず、外貨取引は仲介に徹している。

　一方、期間のミスマッチのリスクは直物対先物でも先物対先物でも本来的な銀行の機能（期間変換機能）として採算に応じて活発にとっている（結果として全体では外貨ポジションは少ないが期日がまちまちの多額の外貨建て資産と負債、買い予約と売り予約のポートフォリオとなる）。

　銀行が仲介者として行う取引は、前述の分類に当てはめると、顧客のアウトライト先物買い対アウトライト先物売りの仲介（このなかには為替市場で最も取引量が大きいスポット為替どうしの仲介や、為替スワップ取引やアウトライトの先物予約の仲介も含まれる）のほかに、顧客や他行のヘッジ付き円投ニーズを満たすためにヘッジ付き円転、顧客のヘッジ無円投保有ニーズと顧客のアウトライト先物売り保有ニーズをつなぐためのヘッジ付き円転、反対方向のヘッジ付き円投などがある。また、顧客ニーズの仲介以外に自らの資金調達・運用ニーズとしてのヘッジ付き円投やヘッジ付き円転で自己目的的に市場に参加する。

　各取引主体のニーズ・目的の動向と銀行の対応により全体の円投円転構造の構成はダイナミックに変化していく。

　たとえば、

①　ヘッジ無円投を保有しようとする場合、その相手となるヘッジ無円転を供給する主体が現れるか、既存のヘッジ無円投の保有者がそのポジション

を減少させる必要がある。国内法人企業が対外直接投資をアウトライトで行おうとするのに対し、海外ファンドが日本株をアウトライトで投資するような場合や国内輸出業者が輸出代金を円に売却しようとする場合、銀行は為替スポット取引をつなぐだけで銀行のオンバランスには計上されない。

② ①で相手がヘッジ無円転ではなく、オフバランスのアウトライト先物売りでポジションを保有したい場合はヘッジ無円投とアウトライト先物売りが増加し、銀行はヘッジ付き円転で両者のニーズをつなぐ。

③ 国内生保や家計がヘッジ付き外債運用やヘッジ付き外貨運用投信を増加させようとする場合、すなわちヘッジ付き円投のニーズに対し、海外ファンドがヘッジ付き日本国債運用でヘッジ付き円転を供給する場合、銀行は両者を仲介し先物予約対先物予約のオフバランス取引の勘定が増加することになる。もちろん外銀がヘッジ付き円転で国内のニーズに対応する場合もあるが、バランスシートを使用するため必要とする資本コストはより大きくなるため一般的にはオフバランス取引で対応する。

④ 邦銀がヘッジ付き円投により外貨建て貸付や外債運用を行う場合も③の国内生保と同様となる。

⑤ ヘッジファンドがキャリー・トレードを行う場合やFX証拠金取引などの為替ポジションの取得は一般的にはアウトライト先物買いやアウトライト先物売りで行う。両者の規模が違うと差額は反対サイドの直物の増加か同じサイドの直物の減少となる。1998年のドル売り為替介入がこの同じサイドの直物の減少に該当したと考えられる。LTCMに象徴されるヘッジファンドがグローバルキャリー・トレードでアウトライト先物買いを取得し、このためドル高円安が高進、これを抑えるためにドル売り介入（既存のヘッジ無円投の減少）を実施。この時、邦銀の外貨調達は国内金融危機からヘッジ付き円投が主流になっており結果として既存のヘッジ無円投の減少（外貨準備の減少）部分にヘッジ付き円投が代替しヘッジ用先物売りとアウトライト先物買いがマッチした状態が発生していた。この時の状況と多数の邦銀ポジションがヘッジ付き円投の一方方向に大きく傾くことに

よるリスクや為替先物予約を含むデリバティブ契約の一括清算条項の影響などについては第6章「LTCM vs. LTCB」参照。

●円投・円転の場所とマトリックス上の動き

図表4－1は非居住者も含めた全体を表しているが、外貨売買由来の円投・円転が国内で計上されるか海外で計上されるかによりマトリックス上に現れる部門と項目は変わる。4通りの組合せは図表4－3のようになる。なお、経常収支累計と調整額累計由来の円投は対応する円転がなく国内部門から海外部門への外貨建て運用（海外部門は外貨建て調達）のみとなる。

① 円投国内、円転国内

マトリックスの国内部門と海外部門は外貨建ての資金調達運用すなわち国内部門は外貨建て資産と負債、対応する海外部門も外貨建て負債と資産の計上となる。代表的な取引は外銀東京支店が海外本支店でドル建て資金を調達し、ヘッジ付きで円転し国内円貸しする、同時に他の国内部門がヘッジ付き円投でドル建て資産を保有する、という取引が国内でマッチした場合である。

家計が円投した外貨預金を国内銀行が円転するような国内どうしのマッチもあり、この場合は海外部門の計上は起こらないが規模的には小さいと考えられる。

② 円投国内、円転海外

国内部門は海外部門に向かって外貨建て資産と円建て負債をもち、対応する海外部門は円建て資産と外貨建て負債をもつ。典型例は、国内銀行がヘッ

図表4－3　円投・円転の場所とマトリックス上の動き

円投場所	円転場所	マトリックス上の動き	
		国内部門→海外部門	国内部門←海外部門
国内	国内	外貨建て運用	外貨建て調達
	海外	外貨建て運用	円建て調達（海外の円建運用）
海外	国内	円建て運用	外貨建て調達
	海外	円建て運用	円建て調達（海外の円建て運用）

ジ付き円投でドル建て海外融資を行い、円転は海外のファンドがドル出資金をヘッジ付きで円転して短期日本国債を保有するケースである。この場合、外貨売買契約、多くの場合直先スワップ契約は国内対海外の主体間で（複数の）銀行を仲介者として行われる。

　ほかには、(ⅰ)家計による外貨運用が含まれる投資信託や一時払い保険の購入、外貨預金の設定など、(ⅱ)一般法人企業による対外直接投資や対外証券投資、外貨預金運用、(ⅲ)政府・日銀による外貨準備としての対外証券投資保有、(ⅳ)生保、年金の対外証券投資、(ⅴ)国内銀行の円投によるドル建て融資や対外証券投資、などがあり、これらの円投のうち、経常収支累計と調整額累計を超える部分が該当し円転が海外で行われた場合を想定している。

　また、新型コロナウイルス感染拡大対応で2020年3月に急増し2020年7月まで続いた日銀とFED間のスワップ取引もこの範疇に入る。海外部門の資産は円建てのその他対外債権債務（日銀のFEDからのその他預金）、負債はドル建ての企業・政府等向け貸出（国内銀行の海外本支店貸し）である。

　円転を海外ファンドが保有した場合は保有資産のクレジット上の制限等から日本国債の選好が強い。国内支店をもち日銀預け金が利用できる外銀が海外で円転した場合には海外本支店取引を経由して日銀預け金を選好すると考えられるが、円転を保有すると資産負債が増加（バランスシートが拡大）されるためレバレッジ規制がある銀行は円転による円資産の増加に対する採算上の制約が強くなる（レバレッジ規制により円転に必要とされる資本コストの水準等は後述）。

③　海外円投、国内円転

　国内部門は円建て資産と外貨建て負債、海外部門は外貨建て資産と円建て負債をもつ。現状では国内銀行が外貨を円転して円資金にするケースは例外的で銀行においては実例が少ないと考えられる。国内企業が外貨建て債券を発行して円転するケースはあるが規模的には大きくはないと思われる。

④　海外円投、海外円転

　国内部門、海外部門とも円建て資産負債を保有する場合が多いと考えられる。典型例としては、邦銀海外支店がヘッジ付き円投によりドル融資を、そ

の円建て資金調達を国内本店から海外本支店取引で行い、その時の円転の保有者が海外ファンドで短期日本国債を保有するというケースがある。

　海外で円建て調達者（たとえば邦銀海外支店）と円建て運用者（たとえば海外ファンド）の運用調達がマッチすれば、すなわち海外ファンドが円資金を邦銀海外支店に預金すれば海外で完結しマトリックス（国内）には影響しないが、一般に海外ファンドは銀行リスクを避けるためこのケースはまれで規模的には（短期）日本国債保有が大宗だと思われる。海外で円投保有は邦銀海外支店が中心だと考えられ、円資金の調達は海外のユーロ円調達もあるが量的な制限から国内本店からの海外本支店借りが中心と考えられる。邦銀海外支店にとってドルの資金調達手段の１つとしてヘッジ付き円投は、ドル資金の銀行間市場調達よりも自行の信用力の消費が少ないため重要な手段である。海外の円転者の状況は②と同じである。

●対外資産・対外負債の増減

　2005年３月末を起点として2021年３月末までの対外資産（海外部門の負債サイド）と対外負債（海外部門の資産サイド）の主な項目別のフローによる増加額は図表４−４のとおりである（量的・質的金融緩和政策が始まる前の2012年度までの８年度間と2013年度以降の８年度間に分けて表示）。

　貿易等の経常取引や利子配当の受取り等の取引は決済手段のみが金融資産として計上されるため経常収支の黒字累計、すなわち海外部門の資金過不足累計による対外資産増加は一方的な対外金融資産の増加となる。一方金融元本取引による対外金融資産の増加は必ず同額の対外負債の増加を伴う（第２章【原理３】）。対外資産の増加は資金過不足（経常収支）と対外負債の増加の合計となっている。

　経常収支はこの期間は一貫して黒字を維持し続けているため対外負債のフロー金額が金融元本取引によるフロー金額になり、それに経常黒字のフロー金額が加わって対外資産増加のフロー金額になっている。

　家計、国内法人、政府、国内金融法人など国内の経済主体が海外運用を行うと、全体でみると経常収支の黒字分を超える金額については海外からの国

内投資が同時に行われていることになる。

2012年度までの8年間と2013年度以降の8年間の経常収支の黒字額はほぼ同額であるのに対し対外負債を伴う対外資産の増加は1.5倍の規模に拡大している。

図表4-5の棒グラフが各年度の経常収支額（海外部門の資金不足額）と対外負債を表示し両者の合計が対外資産の（フロー金額）増加額を表している。経常収支は一貫して黒字を維持しており2015年度以降は資本収支の安定的なプラスが大きく黒字に寄与している。対外負債フローがマイナスとなった時期、すなわち経常黒字を超えての対外資産の取得が抑えられた期間がリーマンショックの2008年度と2009年度である。新型コロナウイルス感染拡大の影響が大きい2020年度は対外負債フローはプラスを保っている。

対外資産増加の主な項目は対外直接投資と対外証券投資、および貸出などである（図表4-4）。対外直接投資は非金融法人企業が2011年度以降に資金余剰を債務の返済から振り替えるかたちで増加させ2013年度以降は資金調達増を伴って急速に増加させている。貸出のうち、民間金融機関貸出増の約半分は図表4-4の（注2）のとおり銀行の海外本支店貸しである。

対外直接投資と対外証券投資はリーマンショックがあった2008年度、2009年度においても増加しており、それを上回って対外貸出が減少している。同時期に負債サイドで減少した項目は海外からの国内株式投資と国債であった（図表4-6）。

対外証券投資の状況を部門別にみると（図表4-7）、量的・質的金融緩和政策が始まった2013年度を境として2014年度以降に国内運用部門である証券投資信託、社会保障基金、保険・年金基金そしてゆうちょ銀行が含まれる中小企業金融機関の対外証券投資の増加が著しい。

量的・質的金融緩和政策のもとで国内銀行が減額のフローとなっているのはやや意外であるが、邦銀海外支店など海外拠点で計上している有価証券保有はマトリックスには含まれておらず、海外拠点をもつ大手行はこの間海外拠点で活発な有価証券投資を行っている。

対外負債の主な増加項目は国庫短期証券と国債・財投債を中心とした債務

図表 4 - 4 　対外資産・対外負債の項目別増減額

対外資産（海外部門の負債）

	フローによる増加額		
	2005年度→2012年度	2013年度→2020年度	合計
現金・預金	4.0	16.8	20.8
貸出	35.5	61.0	96.5
―民間金融機関貸出	25.1	24.9	50.0
―公的金融機関貸出	3.2	3.5	6.7
―非金融部門貸出金	8.7	17.5	26.2
―現先・債券貸借取引	−1.1	14.5	13.4
対外直接投資	59.8	138.3	198.1
対外証券投資	149.6	152.3	301.9
その他対外債権債務	−4.1	8.9	4.7
合計	253.7	389.9	643.6
外貨準備	30.0	15.1	45.1

対外負債（海外部門の資産）

	フローによる増加額		
	2005年度→2012年度	2013年度→2020年度	合計
現金・預金	−0.4	3.6	3.2
貸出	28.6	95.6	124.3
―非金融部門貸出金	13.5	45.6	59.1
―現先・債券貸借取引	15.2	50.1	65.2
債務証券	61.5	105.8	167.2
―国庫短期証券	38.9	42.3	81.2
―国債・財投債	20.4	34.2	54.6
―居住者発行外債	3.3	28.1	31.4
株式等・投資信託受益証券	36.8	23.2	60.0
―株式等	35.3	21.7	56.9
――上場株式	35.5	5.1	40.5
――非上場株式	−0.2	16.5	16.3
その他対外債権債務	0.6	22.8	23.4
合計（A）	133.1	262.8	395.8
資金過不足（経常収支）（B）	120.6	127.1	247.7
対外資産増加額（＝A＋B）	253.7	389.9	643.6

（注1）　マトリックスは2021年9月公表の2020年度確報（以下、同じ）。
（注2）　貸出のうち、対外資産の民間金融機関貸出（企業・政府等向け）と対外負債の非
　　　　（銀行勘定）」による国内銀行と在日外銀のこの間の海外本支増減額は、対外資産サ
　　　　−6.9、＋1.4、合計−5.5。負債サイド国内銀行＋4.2、＋14.3、合計＋18.6、在日

（参考） 調整による増加額	（参考） 2005年3月末ストック金額	（参考） 2021年3月末ストック金額
−1.9	5.9	24.7
−2.1	74.1	168.5
−5.5	40.0	84.5
1.2	15.9	23.9
1.8	8.5	36.4
0.0	9.1	22.5
−35.9	37.9	200.1
84.8	287.8	674.5
28.5	29.2	62.4
101.2	452.3	1,197.1
16.8	89.6	151.5

（参考） 調整による増加額	（参考） 2005年3月末ストック金額	（参考） 2021年3月末ストック金額
0.3	7.0	10.6
9.9	86.2	220.4
9.9	64.2	133.2
0.0	22.1	87.3
0.5	39.2	207.0
0.0	7.4	88.7
−5.2	22.1	71.4
0.9	7.4	39.7
119.7	98.9	278.7
118.2	98.4	273.6
93.9	92.1	226.6
23.2	6.1	45.6
16.7	9.8	50.0
171.9	257.8	825.6
−70.7	194.5	371.5

金融部門貸出金には銀行の海外本支店勘定を含む。日銀統計「国内銀行の資産・負債等
イド国内銀行2012年度まで＋12.8、2013年度以降＋18.9、合計＋31.6兆円、在日外銀
外銀−4.3、＋27.8、合計＋23.4兆円。

図表4－5 対外資産負債フロー

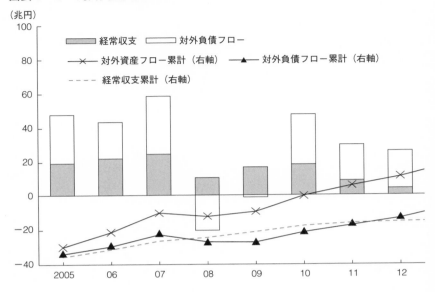

図表4－6 対外投資フロー

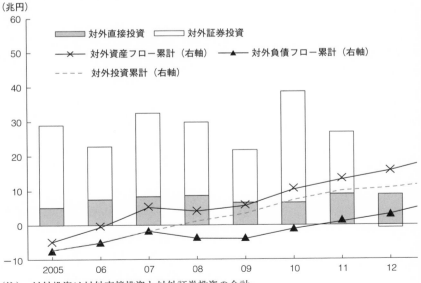

（注） 対外投資は対外直接投資と対外証券投資の合計。

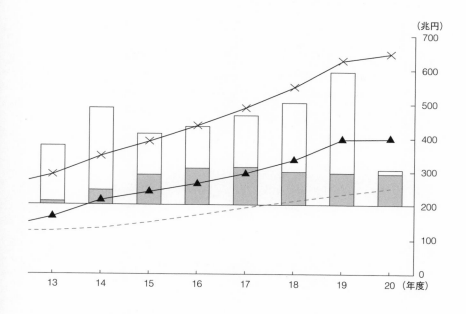

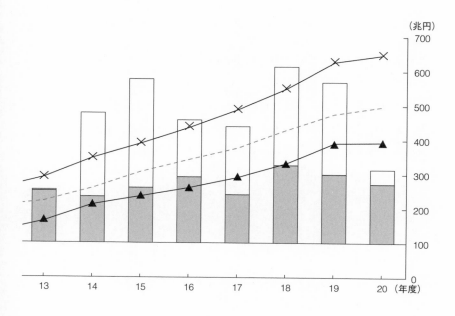

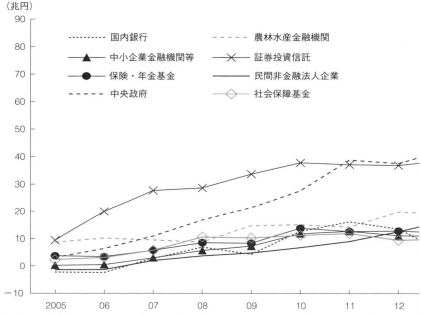

図表4－7　対外証券投資フロー累計

（兆円）

（注）　中小企業金融機関にゆうちょ銀行が含まれる。また社会保障基金の大部分が公的年

証券の増加でマイナス金利での運用が可能なのはヘッジ付き円転による円の
マイナス金利調達によるものであろう。図表4－4の（注2）にある在日外銀
の海外本支店借りの2013年度以降の大幅な増加も同時に日銀預け金が大幅に
増加しており同様な背景だと考えられる。

　貸出のうち現先・債券貸借取引が著増しているが国内金融機関による外債
投資の外貨ベースのファンディングが相当程度含まれていると思われる。

　その他対外債権債務が2013年度以降大きく増加しているがこれは日銀が海
外中央銀行等から受け入れている円建てのその他預金であり、マイナス金利
の国債の代替と考えられる。

　円投、円転の場所によりマトリックスの海外部門に現れる通貨と項目が変
わり、かつマトリックスの対象は国内に計上されている金融資産・負債だけ
であり、マトリックスの海外部門に現れる金額のうち、円投・円転に起因す

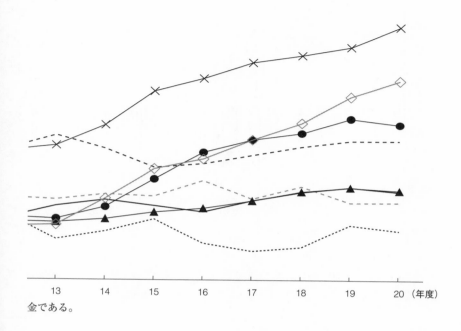

13　　14　　15　　16　　17　　18　　19　　20（年度）
金である。

る金額を特定することはできない。しかし、経常収支以外で円投・円転によらない取引、すなわち外貨売買を伴わない取引は、①居住者が外貨売買を伴わずに海外から外貨調達して海外向けに外貨運用するケース、②同様に非居住者が外貨売買を伴わずに国内から円建て調達して国内向けに円建て運用するケースなどがあるが、国内で保有する外貨建て債券のファンディングのための現先・債券貸借取引以外は規模が大きくないと考えられる。

●ヘッジ付き円投・円転の採算構造

　経常黒字の累計を超える円投による対外資産の保有には必ず円転者が必要であり海外からの円資産運用が発生する。ヘッジ付き円投を行う場合もほぼヘッジ付き円転者が必要でヘッジ付き円投・円転の条件はヘッジ付き円投の需要の強さとヘッジ付き円転者のそれに応じるための必要収益の水準に依存

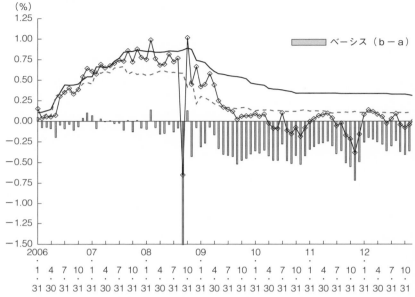

図表4－8　裁定金利差（3カ月物）の推移

（注）　為替スポットと3カ月為替スワップスプレッドは各月末東京15時のマーケットレー

し為替予約の直先スプレッドに反映される。

　図表4－8はドルの保有者がヘッジ付き円転により円資金に変換した場合の為替スワップベーシスの推移である。ドルの保有者のドル調達コストをドル3カ月LIBORとし3カ月の直先スワップにより変換された3カ月の円金利と3カ月TIBORとの差をベーシスとしたものである（実際の計算例は本章末の参考「ヘッジ付き円投・円転金利の算出方法」参照）。

　為替スワップベーシスはヘッジ付き円投の需要の強さや規制などの金融環境、当事者の採算基準などにより変化する。グラフのとおりリーマンショック以前は比較的為替スワップベーシスはプラスの場合もマイナスの場合も小幅であり、ヘッジコストは日米金利差に近かったが、リーマンショック後はマイナスのベーシスが拡大し、円投サイドのヘッジコストが大きくなっている。

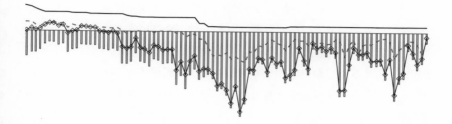

ト を使用し、3カ月を一律91日として算出。

　一般にドル金利の期間リスクプレミアムやクレジットリスクプレミアムは
円金利のそれよりも大きくドルでの運用動機は強い。またドルは国際市場で
の基軸通貨としての調達ニーズが高く、したがって運用の機会が大きい。
　一方、邦銀はドルの決済サークルへのアクセスは限定的でドルの決済資金
による調達力は小さい。一般企業などの最終的な余剰資金保有者へのアクセ
スも海外支店を中心に大幅に拡大しているが貸出のためには一定の資金調達
をしなければならず、ノンバンク的な性質が強い。このため邦銀の金融市場
でのドル調達ニーズは大きく、円投サイドのヘッジニーズが強い状況にあ
る。一般企業や短期市場のドル資金にアクセスできない国内の運用部門にと
ってはヘッジ付き円投の需要はさらに高い。
　金融規制や金融政策がヘッジコストに与える影響は、ヘッジ付き円投を行
うサイド（邦銀、国内生保、ヘッジ付き海外投信など）と同時に対応する円転

を供給するサイド（米銀、欧州銀、海外ファンドなど）の規制や金融政策も重要である。特に為替スワップのマーケットメーカーである大手銀行に対する金融規制の影響が大きい。

　大手外銀の円転機能に関する現状の主な金融規制を概観すると、

① 　バーゼル規制により保有する資産のカテゴリーによりリスクウェイトアセット（以下「RWA」）が算出されRWAに対して必要最低資本が課せられる。したがってRWAの高い資産に対してはより高い資本コストが必要になる。現状、自国通貨建て国債、自国通貨建て中央銀行向け預け金はRWAは課せられておらず、日本国債および日銀預け金の保有に対してはRWA上の資本コストはかからない。一般銀行向け資金取引、一般向け融資取引、社債などのオンバランス取引にはRWAが信用格付等に応じて課せられる。

② 　為替スワップ取引（為替先物予約取引）もバーゼル規制によりRWA算出計上の対象になるが、為替スワップ取引を含むデリバティブ契約は、契約上の一括清算条項と担保条項による相殺が認められており、オンバランス項目に比べるとはるかにRWAは小さい。為替スワップと同様な取引契約である通貨スワップ契約も為替スワップ取引と同じRWAを課せられる。

③ 　バーゼル規制に補完的なレバレッジ比率規制が加わっている。レバレッジ比率規制はオンバランス資産全体と一部オフバランス項目に対して課され、2019年より最低３％の自己資本が必要となった。

④ 　米銀には1980年代より米国内で独自のレバレッジ比率規制が課されており、現状４％が最低基準になっている。バーゼル規制によるレバレッジ比率規制の最低基準も米国は大手米銀の持株会社で５％、子銀行で６％となっている。米国独自のレバレッジ比率規制とバーゼル規制上のそれとは対象とする取引の計上の方法に違いはあるが円転で保有するオンバランス資産については同じ取扱いで対象資産としてカウントされる。どのような円建て資産を保有しても同率で資本が必要なレバレッジ比率規制は円転の供給サイドとしての大手外銀にとって採算上最も制約の大きい規制である。

　レバレッジ比率規制値と目標ROEによる資産保有の必要資本コスト（目

図表4－9　必要資本コストの概算

（単位：％）

規制比率	目標ROE			
	7.00	8.00	9.00	10.00
3.00	0.30	0.34	0.39	0.43
4.00	0.40	0.46	0.51	0.57
5.00	0.50	0.57	0.64	0.71
6.00	0.60	0.69	0.77	0.86

（注）　税率を30％とした。たとえばレバレッジ比率が３％の規制でROE７％が目標の場合は、資産の３％の資本に対して税引前で10％の利益が必要なため資本コストは0.30％（３％×10％）となる。

標収益率）の概算は図表４－９のようになる。

　各国の規制は最低３％～６％で大手外銀の目標ROEは10％程度であるから、図表４－９の単純な資本コストは40bpから90bp程度になる。すなわち円転サイドの資本コストが満たされる為替スワップベーシスは40bp～90bp程度必要ということである。

　米銀は、古くからレバレッジ比率規制下にあり資産保有に対しては資本コストを強く意識して運用しているため、資産計上を伴う円転の当事者にもなるがそれ以上に為替スワップの仲介者になろうとする傾向が強い。

　欧州の銀行は、サブプライム問題から続く欧州金融危機によるデレバレッジ（保有資産の縮小）の流れとレバレッジ規制の導入により米銀と同様に資産計上の採算に厳しくなってきている。

　既述のとおり、円転による海外部門の円建て資産の選好は外銀を通じた日銀預け金の経路も増加しているが、短期を中心とした国債が中心で円転による国債保有の中心は海外のファンドによるものと考えられ、その場合大手外銀、特に米銀は為替スワップの仲介者として機能している。ファンドの場合、レバレッジ規制の対象にはならないが、為替スワップ市場における大手銀行のシェアは非常に高く、特にドルの決済資金の最終保有者である大手米銀は為替スワップ条件のプライスリーダーだと考えられ、大手米銀の採算基

準が為替スワップベーシスに大きく影響している。

　一方、円投サイドの需要は、邦銀はドルファンディングのためにヘッジ付き円投の恒常的な、また金融市場が混乱した場合には大きな需要がある。国内生保や国内機関投資家は円のゼロ金利政策や特にマイナス利回りが中長期国債にまで及ぶようになるとプラスの運用を求めてヘッジ付き外債運用のニーズが高まった。家計も国内運用利回りの低下に伴って投信や外貨預金を通じて外貨運用ニーズが高まった。また、投信による外貨運用にはヘッジ付きのものも多い。

　海外部門の円転者の資産選好が短期の国債であるため、短期の国債の利回りが短期資金金利よりも低下すると、低下した利回りで採算がとれるようにスワップベーシスが拡大していくことになる。短期の国債がマイナス金利となってもスワップベーシスがさらに拡大しヘッジ付き円転金利がそれ以上にマイナスになれば海外部門のヘッジ付き円転は成立し、そのスワップベーシスのコストはヘッジ付き円投者が負担することになる。

　図表4－8のベーシスのグラフにあるように2016年のマイナス金利政策導入後3カ月の短期国債金利はマイナス圏になったがそれでもヘッジ付き円転金利がさらにマイナス幅を拡大し（スワップベーシスが拡大し）ヘッジ付き円転者の利鞘が抜ける状態になっている。

　海外部門と日銀およびその他の部門による国庫短期証券ストック（保有残高）の四半期ごとの推移は図表4－10のとおりである。海外部門は国債・財投債も大量に保有し期近物も多いと考えられるが国庫短期債証券は明らかに短期部分の動向を表している。

　量的・質的金融緩和政策による日銀の国債大量購入で短期の国債金利がマイナスとなった2015年度後半から海外部門と日銀以外の部門の国庫短期証券の保有は激減し、マイナス金利政策が開始された2016年度はほぼ海外部門と日銀のみの保有となっている。マイナス金利政策が重なりヘッジ付き円投需要の高まりもあり2016年度にスワップベーシスの拡大はピークとなった。ピーク時の2016年9月末にフォーカスしてヘッジ付き円投による収益構造を詳述する。図表4－10のグラフのとおり2016年度前半までは日銀は国庫短期

証券保有を増加させており短期の国債金利のマイナス幅も最大になった時期である。

●ヘッジ付き円投の収益構造

　図表4－11は2016年9月30日のドル金利、円金利、ヘッジ付き円投によるドル調達金利である。

　図表4－12は2016年9月30日時点のドルでの運用利鞘をドル保有者とヘッジ付き円投者別にまとめたものである（調達はドル3カ月LIBOR金利をベースとし、金利はすべて365日ベースに換算したbp（ベーシスポイント、0.01％）で表示）。

　同様に、3カ月TIBORをベースとした円での運用利鞘は図表4－13のとおりである。

　図表4－12、4－13から円投、円転による採算状況は次のように整理できる。

① 　ドル保有者、すなわち米銀や米国のファンドなどにとっての調達金利XbpはLIBORよりも低い。したがって実際の利鞘は上段表よりも（87－X）bp分大きい。

② 　ヘッジ付き円投者とは、保有している円をヘッジ付き円投でドル運用を行おうとする主体で、邦銀や生保、年金などの機関投資家から家計向けヘッジ付き外貨運用投信まで幅広く存在する。

③ 　上記の為替スワップベーシスは算出過程から明らかなように円3カ月TIBORとドル3カ月LIBORをベースに計算されていることから、円保有者が円投によって得られる実際の利鞘は、円保有者の円調達金利をYbpとすると図表4－12のヘッジ付き円投者の利鞘（ドル）に円の（6－Y）bpを加算したものとなる。このことは図表4－13の円保有者の円運用利鞘についても同様で、実際の利鞘は（6－Y）bpを加算したものとなる。

④ 　ドル保有者が円転して運用する利鞘も同様に、図表4－13のヘッジ付き円転者の利鞘（円）にドルの（87－X）bpを加算したものになる。

⑤ 　2016年9月30日時点において、円保有者が円の10年日本国債で運用した

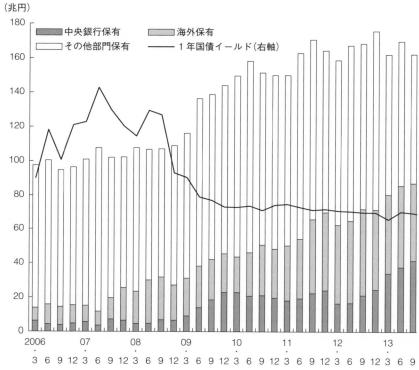

図表4－10　国庫短期証券ストックの推移

（注）　マトリックスは2021年9月公表2021年第2四半期速報による。国債イールドは財務

場合の利鞘は10年国債の金利変動リスク（期間リスクプレミアム）をとったとしてもマイナスの利鞘になる。一方、ドルの期間リスクプレミアムや信用リスクプレミアムなどのリスクプレミアムは円に比べてはるかに大きく取引量も大きいため円投、特にヘッジ付き円投によるドル運用でプラスの利鞘を求めるインセンティブが高い。

⑥　円保有者がヘッジ付き円投によってドル運用しようとする場合はほぼ必ずヘッジ付き円転者が必要になる。ヘッジ付き円転者の主要なメンバーは米国のファンドや大手米銀などで米国の金融規制やそれぞれの必要収益の織り込みと円投・円転の需給により結果として9月末は図表4－12、4－

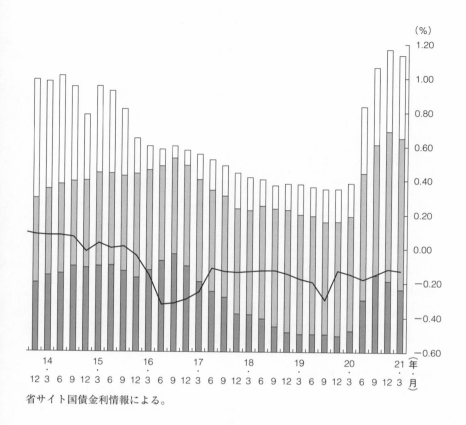

省サイト国債金利情報による。

13のような為替スワップベーシスおよび利鞘となっている。ちなみに、ヘッジをせずにアウトライトの円投で円保有者がドル運用を行った場合の利鞘は（ドル運用金利－Ｙ）bpとなるが為替変動リスクをとることになる。

⑦　取引の波及経路を単純化すると、図表４－14のフローチャートのようになる。

　このうち、「日銀の大量買入で日本国債金利低下→円ではマイナス運用が拡大下→為替スワップベーシス拡大」の部分は、日本銀行のマイナス金利付き量的・質的金融緩和政策により政策金利の－10bpを超えて日銀が

図表4－11　2016年9月30日時点の金利水準

円ドル為替スポットレート　100.795

期間	1週間	1カ月	3カ月
日数	7	31	92
直先スプレッド	－2.83	－13.05	－43.60
（A）国内円TIBOR	0.01	0.03	0.06
（B）ドルLIBOR	0.46	0.53	0.85
（C）円投ドル金利（360日ベース）	1.45	1.54	1.76
（D）円転円金利（365日ベース）	－1.00	－0.99	－0.85
為替スワップベーシス（C－B）	0.99	1.00	0.90
為替スワップベーシス（D－A）	－1.01	－1.02	－0.91
日本国債イールド		－0.21	－0.33
米国債イールド		0.18	0.27
BBB格米国社債			1.24
BB格米国社債			2.23

（注）　債券のイールドのデータ出所：Bloomberg

図表4－12　米ドル運用利鞘

(単位：bp)

		ドル保有者	ヘッジ付き円投者
ドル3カ月ベース金利（a）		87	87
為替スワップベーシス（b）		0	92
ドル3カ月調達金利（c＝a＋b）		87	178
運用手段	運用金利（d）	利鞘（e＝d－c）	
ドル3カ月ベース金利	87	0	－92
FRB超過準備預金金利	50	－37	－128
米国債3カ月運用	27	－59	－151
米国債10年運用	159	73	－19
米国BBB10年社債	325	238	146

6カ月	1年	2年	5年	10年
182	365			
−84.88	−173.75			
0.11	0.13			
1.24	1.55			
1.79	1.86			
−0.44	−0.18			
0.55	0.31			
−0.55	−0.31			
−0.28	−0.32	−0.29	−0.25	−0.09
0.43	0.59	0.76	1.15	1.59
1.31	1.44	1.72	2.39	3.25
2.32	2.50	3.03	4.17	5.39

図表 4 −13　円運用利鞘

（単位：bp）

		円保有者	ヘッジ付き円転者
円3カ月ベース金利（a）		6	6
為替スワップベーシス（b）		0	−91
円3カ月調達金利（c = a + b）		6	−85
運用手段	運用金利（d）	利鞘（e = d − c）	
円3カ月ベース金利	6	0	91
日本銀行超過準備預金	−10	−16	75
日本国債3カ月運用	−33	−39	52

図表 4 −14　取引の波及経路

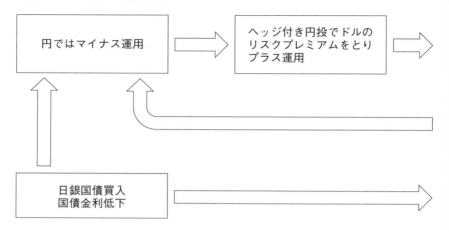

　　短期国債を買い進んだ結果、短期国債の保有者は採算の制約のない日銀と
マイナス運用の逆鞘を為替スワップベーシスに転化できるヘッジ付き円転
者だけになり、日銀の大量買入で短期国債金利マイナスが拡大すれば為替
スワップベーシスも拡大し、ヘッジ付き円転者の短期国債運用ニーズによ
りさらに円のマイナス金利が拡大するというサイクルになっている。

⑧　　2016年 9 月30日の短期国債をめぐっての実際の利鞘で採算状況をみると
　　図表 4 −15のように整理できる。図の網掛けの部分がオンバランスの資産
　　（T字の左側）と負債（T字の右側）、網掛けがない部分が為替スワップの
　　キャッシュフローを資産負債に置き換えたもので円転の為替スワップは円
　　建て負債とドル建て資産、円投の為替スワップは円建て資産とドル建て負
　　債に置き換えて表示している。短期国債の残高は2021年 9 月公表マトリッ
　　クスの2016年 9 月末の国庫短期証券のストックの値で円転者は海外部門の
　　保有残高としている。中央政府の国庫短期証券発行残高120兆円のうち、
　　日本銀行が57兆円、海外部門が56兆円とほぼこの両者のみが保有してい
　　る。海外部門は既述のとおり国庫短期証券のほかに国債・財投債や非金融
　　部門貸出金（海外本支店）などで円建て運用を増やしている（海外部門が保
　　有している国債・財投債57兆円のなかには期近物も多く含まれていると考えら

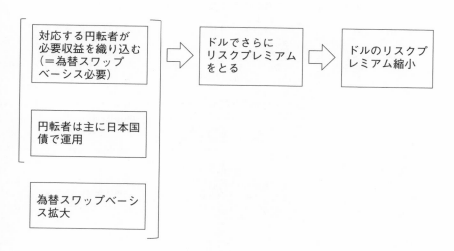

れるが無視した。また金利は一律３カ月物と仮定している）。日銀の調達レート6bpは2016年９月末の日銀預け金の平均金利である。ヘッジ付き円転者は為替スワップベーシスにより円サイドで＋52bp（−33−（−85））の利鞘とドルサイド（87−Ｘ）bpの利鞘となり、ヘッジ付き円転者がファンドの場合はこの利鞘から為替スワップの供給者にマージンをレートに織り込んで支払うことになる。ヘッジ付き円投者は米国BBB社債などの利鞘から為替スワップベーシスを負担した後でもプラスになるドル運用によりプラスの利鞘を確保している。

　図表４−15は2016年９月30日時点の断面図（スナップショット）であるが、この状況が１年続いたと仮定した場合の所得の移転は次のようになる。

　ヘッジ付き円投者がドル運用で得た収益から為替スワップベーシスを通してヘッジ付き円転者に5,152億円（56兆円×92bp）移転し、ヘッジ付き円転者はそのうち1,848億円（56兆円×33bp）を日本政府に支払う。

　日銀から同様に日本政府に1,881億円（57兆円×33bp）の所得の移転があるが中央政府と中央銀行との連結ベースでとらえた場合は中央政府の負債と日銀の資産は相殺され、対外的な負債は6bpの日銀預け金となる。す

図表 4−15　短期国債についての実際の採算状況（2016年９月30日時点）

中央政府	ヘッジ付き円転者　円サイド		ヘッジ付き円転者　ドルサイド	
短期国債 調達120兆円 −33bp	短期国債 運用56兆円 −33bp	円転 −85bp （うちベーシス） −91bp	ドル運用 87bp	ドル調達 実調達金利

ヘッジ付き円投者　円サイド		ヘッジ付き円投者　ドルサイド	
円運用 6 bp	円調達 実調達金利	米国BBB社債 325bp	円投 178bp （うちベーシス） 92bp

日本銀行		邦銀　ほか	
短期国債 運用57兆円 −33bp	日銀預け金 6 bp	日銀預け金 6 bp	円調達 実調達金利

なわち、短期国債57兆円部分は日銀預け金に変換され、負債の連結上のコストは短期国債の利回り水準に関係なく日銀預け金のコストになる。したがって、日銀が短期国債を買い上げて短期国債の利回りを下げると、ヘッジ付き円転者がそれを為替スワップベーシスに転化できる限り、すなわちヘッジ付き円投者がドルの運用益から為替スワップベーシスを負担できる限りヘッジ付き円投者からヘッジ付き円転者と中央政府に所得移転が起こり、政府連結ベースでは負債コストが下がる（負債からの収益があがる）ことになる。

　ヘッジ付き円投者の支払う為替スワップベーシスの源泉はドル運用による期間リスクプレミアムやクレジットリスクプレミアムであり、ヘッジ付き円投者はリスクプレミアムを削ってリスクをとっていることになる。円のマイナス運用を避けてドル運用に資金移動させることでドル運用のリスクプレミアムは減少圧力になるが、為替スワップベーシスを控除した後である程度のプラスとなる水準がヘッジ付き円投者にとって負担しうる為替スワップベーシスの限界点となる。

　日銀の短期国債の買入がないと想定した場合、日銀が保有している57兆円の短期国債の規模が海外部門で保有する国債・財投債の規模57兆円に比

して十分大きいと考えられること、国内主体には政策金利の－10bp以下で短期国債を運用する合理性がないことから、短期国債金利は政策金利との裁定により－10bp前後に収れんする可能性が高い。ヘッジ付き円転者の必要マージンが52bpで固定的だと仮定すれば、短期国債金利が－10bpであれば為替スワップベーシスは－68bpに23bp縮小されその分ヘッジ付き円投者の利鞘が拡大し、中央政府のマイナス調達幅が縮小する（上記の計算では円投者の利鞘は1,288億円拡大する）。

⑨　為替スワップベーシスが拡大すると邦銀大手行は他のドル調達手段へのニーズが増すことになる。国内銀行海外支店はリーマンショックを経て貸出を拡大させる過程で預金・CDによる調達が貸出を上回った状態を継続している。他の代替手段にアクセスできる大手行は調達手段をヘッジ付き円投と裁定して多様化している。それでも、ドルの決済サークルのなかの粘着性の高い決済性のドル預金へのアクセスは限定的であり、無担保資金の市場調達手段とすればマザーマーケットの円をベースとしたヘッジ付き円投調達は信用リスク上の負担が相対的に小さく、したがって有用性が高いため、大手邦銀にとっても特に金融市場混乱時に重要な手段である。

　海外支店をもたない国内行や投資信託、社会保障基金、生保などの機関投資家はヘッジ付き円投以外の手段が限られ、為替スワップベーシスを所与としてヘッジ付きドル運用を行うか否かの判断をせざるをえない。

◆参考　ヘッジ付き円投・円転金利の算出方法

　為替先物予約（為替スワップ）を使った裁定金利の算出を2016年9月30日の実際の市場レートで表すと図表4－16のようになる。

①　9月30日17時近辺の3カ月為替スワップの条件はスワップスプレッド（スポットレートと先物レートの差）が－0.436円で、スポット（10月4日決済）が100.795円のとき先物（2017年1月4日決済）は100.359円となり、為替スワップ契約は直先の売り買いがペアで締結される。

②　円資金を調達した銀行が調達した円をドルにスワップしようとする場合、円の調達金利が決まれば①の為替スワップを使用してドルのキャッ

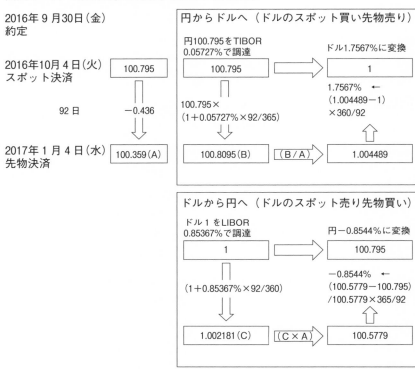

図表4－16　裁定金利の算出例（2016年9月30日）

シュフローに変換でき、ドルの調達として確定することができる（上段の過程）。

③　9月30日の3カ月国内円TIBORは0.05727％で国内邦銀にとっては円の調達金利の代表とみなしうる。

④　上段の図「円からドルへ」の過程により為替スワップによる国内邦銀のドル調達の調達金利は1.7567％（365日ベースで1.7811％）となる。

⑤　一方、ドル3カ月LIBOR0.85367％は、米大手商業銀行にとって市場調達金利の代表とみなしうる。図表4－16下段の「ドルから円へ」の過程により為替スワップによる米大手商業銀行の円調達金利は－0.8544％となる。

⑥　ドルの保有者にとっては円の調達金利は−0.8544％となり、これと円の国内市場金利0.05727％との差−0.9116％をドルから円への為替スワップベーシス、あるいは為替スワッププレミアムと呼ぶ。

⑦　同様に円の保有者の円からドルへの為替スワップベーシス（プレミアム）は＋0.9030％（年360日ベース、年365日ベースでは0.9156％）となる。

⑧　円の保有者のドルへのヘッジコストは1.7238％（1.7811％−0.05727％）で、金利差が0.8082％（0.85367％の365日ベース0.8655％−0.05727％）と為替スワップベーシス0.9156％と分解される。

第 5 章

マトリックスからみた
国内経済の脆弱性

●金融資産・負債構造の特徴と脆弱性

　マトリックスを分析すると、以下のような金融資産・負債構造の特徴と脆弱性が把握できる。

　第一に、国債とそれに対応する現預金の金額が巨額であること。

　第二に、国債が巨額であることから金利の上昇に財政が耐えられないおそれがあること。

　第三に、日銀は無制限の資産（国債）保有能力と円金利の決定能力があり低金利を維持できること。多額の国債を購入することにより国債金利を低金利に維持することができると同時に、国債に代替する日銀預け金の金利を自ら決定できる。また、政策金利と日銀預け金の金利を分離し、日銀預け金金利を低金利に維持することが可能であり、現状、それを実現している。

　第四に、円金利をきわめて低く維持するためには、金融機関の収益が確保されることと民間の海外投資・海外運用（外貨選好）がコントロール可能な円安の範囲に維持される必要があると考えられること。

　第五に、1998年度以降、非金融法人企業部門が資金余剰部門となり、余剰資金は負債の返済、対外直接投資へ向かうようになったこと。特に2011年度以降は経常収支の黒字額を超える年があるほど対外直接投資が増加していること。

　第六に、国債金利がマイナスとなるなか金融機関ではプラスの利回り追求のため海外運用を増加させていること、その結果、第五とあわせて外貨選好が高まっていること。

　第七に、特に家計が保有する現預金の残高が国債発行に伴う累積により現状の外貨準備に比して巨額になっており、各種手数料の徴求による預金金利の実質的なマイナス化や内外金利差・内外期待収益率差の拡大、資産保有世代の交代、長寿化に伴う運用ニーズや資産形成機運の高まりなどをきっかけに海外運用・外貨選好が高まった場合の状況が懸念されること。

　そして第八に、円金利をきわめて低い水準で維持できなくなる場合、金融機関経営や金融システムが不安定化するリスクがあること、また民間企業や

金融機関、家計の外貨選好の高まりが外貨準備を上回った場合には円安リスクがあること。

　本章では、以上の脆弱性とリスクシナリオを以下の順序で検討する。

①　1980年度から2020年度までのマトリックスのフロー累計により政府部門と海外部門の両赤字主体から家計部門と非金融法人企業部門の黒字主体への資金フローの構造と規模。

②　日銀の国債大量保有による大幅な金利低下と低金利の維持。

③　巨額な国債残高と利払い費の増加。

④　超低金利による銀行収益に対する影響。

⑤　非金融法人企業部門の1998年度を境にした資金不足部門から資金余剰部門への変化と、さらに資金余剰による金融負債の返済から対外直接投資増加（外貨選好への高まり）への変化。

⑥　運用難のなかプラスの利鞘を求め外貨選好を強める金融機関の状況。

⑦　①〜⑥をふまえた金融資産負債構造の脆弱性とリスクシナリオ。

⑧　金融機関の収益力がさらに低下し金融システムが不安定化した場合に超低金利はどこまで維持できるか、また外貨選好の高まりに対して外貨準備はどの程度まで耐えられるか、外貨準備を超えて円安に対応する手段、考えられる外貨ポジションの構造と介入手段とコスト。

●赤字部門から黒字部門への資金フロー

　1980年度から2020年度まで41年間の資金過不足額累計と国債、現金・預金、日銀預け金の金額を部門ごとにまとめたものが図表5−1である（差額が資産サイドにある部門は金融負債のネット供給部門、負債サイドにある部門がネット受取部門であり金融資産超過部門）。家計による現預金の選択が金融機関の国債保有を促し、さらに中央銀行がその国債を大量購入し日銀預け金に変換することにより超低金利が実現し維持されている構造が浮かび上がる。

①　中央政府の国債発行とその費消によるネットの負債供給881兆円、および海外部門の経常収支黒字によるネットの負債供給505兆円により、家計

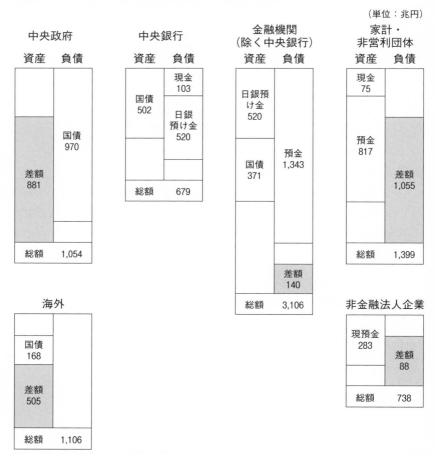

図表5－1　1980年度～2020年度フロー累計の概念図

（単位：兆円）

中央政府

資産	負債
差額 881	国債 970
総額 1,054	

中央銀行

資産	負債
国債 502	現金 103
	日銀預け金 520
総額 679	

金融機関（除く中央銀行）

資産	負債
日銀預け金 520	預金 1,343
国債 371	
	差額 140
総額 3,106	

家計・非営利団体

資産	負債
現金 75	
預金 817	差額 1,055
総額 1,399	

海外

資産	負債
国債 168	
差額 505	
総額 1,106	

非金融法人企業

資産	負債
現預金 283	差額 88
総額 738	

（注）　国債は国庫短期証券と国債・財投債の合計。上記のほかに公的金融機関の財投債
　　　として119兆円のフロー累計が金融機関部門に計上されている。

部門に1,055兆円、非金融法人企業部門に88兆円のネット金融資産が累積
している。

②　家計部門は保有金融資産として現金と預金を選好する傾向が強く、2013
　　年度から2020年度のフロー累計では93％を現預金が占める。資金余剰であ
　　る家計部門がどのような金融資産を選好するかによって負債供給部門（国

債発行）と資金余剰部門を仲介する金融機関の大枠の資産負債構成が決定される。たとえば家計が直接、国債を保有すれば金融機関による資産負債の計上はなく、預り資産としてオフバランスで管理するのみとなる。

③　現金（中央銀行（日銀）の負債として供給される決済手段）を保有すると、中央銀行は現金（金融負債）を供給するためになんらかの資産を保有する必要があり、現状は国債を保有している。

④　家計部門が預金を選好すると、金融機関は負債としての預金を供給するために金融資産を保有する必要がある。

⑤　一方で、家計部門と非金融法人企業部門の資金余剰のもととなっている国債が大量に供給されているなか、金融機関が預金増に対応するために保有する資産としては金額的に国債または日銀預け金以外は現実的ではない〔注1〕。

⑥　中央銀行が現金供給以上の国債を保有すると、負債として日銀預け金が供給される。既述のとおり金融機関全体でみると供給された日銀預け金は受動的・不可避的に資産保有されることとなり、金融機関が保有していた国債を中央銀行が購入する結果、金融機関は国債の代替資産として日銀預け金を資産保有することになる。なお、図表5－1の中央銀行の国債保有502兆円に対して現金と日銀預け金の合計が623兆円と大きいのは、日銀貸出金が127兆円あり日銀預け金と両建てで計上しているためである。

⑦　海外部門のこの間のフロー合計（資金過不足を除いた負債サイドのフロー合計）1,106兆円に対して資金不足額累計、すなわち経常収支の黒字額累計額は505兆円、また後述するように対外証券投資が615兆円、対外直接投資が257兆円であることから、海外部門の資金不足（国内部門の資金余剰）に対して国内部門は海外証券投資や出資で運用していることになる。これには、家計による投資信託や保険商品の保有や非金融法人企業の直接投資なども含まれる。

〔注1〕　金融機関が貸出を行い資産を増加させた場合には、貸出と同時に預金が供給されている。国債の供給によって増加した預金に対しては他の金融資産を保有する必要がある。一方で家計の金融資産の増加に対しては国債（金

融負債）の供給があり、家計に資金余剰が発生している時点で誰かが国債を保有していることになる。家計が預金を選好した場合には金融機関は国債もしくはその代替資産となる日銀預け金を保有することになる。もちろん金融機関は他の金融資産、たとえば米国債を保有することもできるがこの場合には円転者（主に海外部門）が国債を保有することになる。国債発行およびその結果としての預金増加は金額的に大きく、現実的な選択は金融機関による国債もしくは日銀預け金保有が中心となる。

●巨額の国債残高と超低金利

　図表５－２は2019年３月末から2021年６月末までの半期ごとの国債の残高推移である。新型コロナウイルス感染拡大対策に対応して2020年９月末以

図表５－２　国債残高推移　　　　　　　　　　　　　　　　　（単位：兆円）

	2019/03	2019/09	2020/03	2020/09	2021/03	2021/06
額面ベース						
財政融資資金—国庫短期証券	0	0	0	0	10	10
財政融資資金—国債・財投債	92	93	91	101	108	105
中央政府—国庫短期証券	97	95	98	166	163	157
中央政府—国債・財投債	850	857	863	863	874	888
—国庫短期証券（合計）	97	95	98	166	173	167
—国債・財投債（合計）	942	949	954	964	982	993
国債合計	1,039	1,044	1,052	1,131	1,155	1,161
ストック（時価）ベース						
財政融資資金—国庫短期証券	0	0	0	0	10	10
財政融資資金—国債・財投債	101	102	99	109	115	112
中央政府—国庫短期証券	97	95	98	166	163	157
中央政府—国債・財投債	927	944	934	926	929	944
—国庫短期証券（合計）	97	95	98	166	173	167
—国債・財投債（合計）	1,028	1,046	1,032	1,035	1,044	1,056
国債合計	1,126	1,141	1,131	1,201	1,218	1,224

（注１）　マトリックスの国債は発行長短によって国債・財投債と国庫短期証券に分類されている。部門は普通国債は中央政府部門、財投債を発行している財政投融資特別会計は金融機関中の公的金融機関（財政融資資金）としている。
（注２）　短期国債と政府短期証券が国庫短期証券に分類されている。

降、残高が急増していることがわかる。

　国債ストック部門別シェアをみると（図表5－3）、2013年4月の量的・質的金融緩和政策の導入以降、中央銀行の国債保有が主に預金取扱金融機関の既存保有と純発行額を吸収して大きく増加しており、その結果、超低金利が維持されている（図表5－4）。

　なお、この間、唯一シェアを高めている海外部門は、既述のとおり特に短期証券についてはヘッジ付き円転見合いの保有が多く含まれていると考えられ、採算はスワッププレミアム（ベーシス）込みでとられている。マイナス金利の国債を保有できるのは採算の制約がない中央銀行と、スワップベーシスに転嫁できマイナス金利での円調達となる海外部門のヘッジ付き円転者に限られると考えられる。

　また、保険・年金基金や社会保障基金では国庫短期証券はほとんどなく、保有の大宗は長期債である。民間金融機関が保有する場合にはファンディングコストや運用目標に基づく利回りの下限があり、預金金利はマイナスにはできないという預金のゼロ金利フロアーを前提にすると、マイナス利回りやゼロに近い利回りで長期間保有するのは困難だと思われる。

　2013年4月以降の量的・質的金融緩和政策のもとでの日銀による低金利での国債購入とそれに伴う日銀預け金への金融資産変換による資金の固定化、さらに2016年1月のマイナス金利付き量的・質的金融緩和政策により期間7年以下の国債の市場金利はマイナスとなり2016年と2019年には15年国債においてもマイナス金利が出現した。

　普通国債の平均支払利率は2020年度で0.83％、財投債で0.64％、両者平均で0.77％と推計され2016年度以降、急速に低下している。さらに国債発行利回りをみると、2年国債から10年国債のクーポンはこの間ほぼ0.10％であり、普通国債・財投債の平均支払利率は今後、いっそう低下していくと予想される。また国庫短期証券はマイナス金利での発行が継続している（図表5－5、5－6）。

　日銀は国債などの資産保有を無制限に拡大する能力があり、かつそれによって増加する日銀預け金の金利を任意に設定できる。

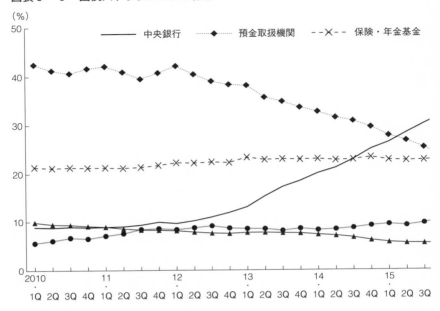

図表 5 - 3　国債ストックシェアの推移

　中央政府と日銀を連結ベースでとらえ、2020年度の国債による資金調達構造を日銀サイトの会計・決算で概観すると、日銀は2013年以降の大規模な購入により国債発行残高の約44％を短期国債の－0.152％を含む0.207％の利回りで購入し国債の市場金利全体をマイナス金利もしくはゼロ近辺に低下させ維持している。

　日銀預け金金利は0.05％程度であり、中央政府と連結でみた場合、この調達金利以上で日銀が国債運用を行えばその利鞘分（2020年度で0.16％程度）が連結ベースで国債調達コストを引き下げていることになる。この直接保有分の効果も大きいが直接保有は国債残高全体の44％程度であり残りの部分に対しては国債市場金利の低下に伴うマイナス金利～ゼロ近辺金利での発行による国債調達コストの引下げ効果が大きい。

　日銀の短期国債運用は調達金利よりも低い運用利回りとなっているが、日銀が発行金利近辺で購入した場合には中央政府のマイナス調達と日銀のマイ

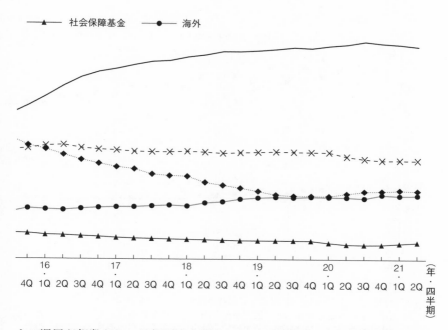

ナス運用が相殺され、日銀預け金調達コストが連結ベースの調達コストとなる。

　金融機関の調達コスト、資本コストなど採算上の限界点や運用目標の下限等により、マーケットベースでは国債金利の下限が存在すると考えられるが、それ以下の低金利を実現・維持するには、日銀による国債の大量保有と日銀預け金金利（連結ベースの中央政府調達金利）の低位設定が必要であろう。

　税収に比べて国債残高が非常に大きいため、国債の支払金利の急激な上昇には財政が耐えられない状況にすでに陥っていると考えられる。

　2021年6月末で普通国債が942兆円、政府短期証券が103兆円、財投債を含めた国債全体で1,161兆円もの残高があり、金利が1％上昇すれば、一般会計で10兆円超、国債全体では12兆円弱の金利負担増となる。

　もちろん金利が1％上昇する場合の他の要素の変化の組合せ、たとえばイ

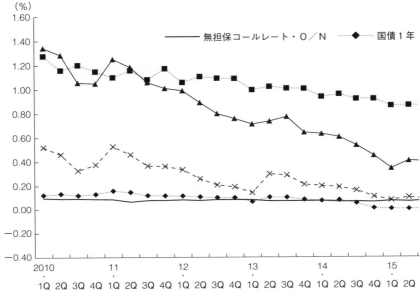

図表 5 － 4　国債市場金利と新規貸出金利の推移

（注）　無担保コールレート・O／Nは、日銀時系列データ「無担保コールレート・O／N
　　　　国債金利は財務省サイトの「国債金利情報　過去の金利情報」より四半期ごとの平
　　　　国内銀行新規貸金利は日銀の貸出統計「貸出約定平均金利の推移」の新規／総合／

ンフレ率や名目経済成長率がどの程度で、それが歳出額、歳入額にどのような影響を与えるかを考慮する必要はあるが、一般会計で10兆円の負担増は2020年度における税収と比較すると、消費税21.0兆円や所得税19.2兆円の約半分、法人税11.2兆円にほぼ匹敵している。

　日銀法は１条２項において、「（前略）銀行その他の金融機関の間で行われる資金決済の円滑の確保を図り、もって信用秩序の維持に資することを目的とする」と定めており、決済システムの円滑かつ安定的な運行の確保を通じて、金融システムの安定に寄与することも、日銀の重要な目的であるとしている。無制限な資産（国債）保有能力と日銀預け金の任意の金利決定能力をもつことを前提にすれば、金融システムを脅かすような円金利の暴騰、国債価格の暴落（国債金利の暴騰）が起きた場合、日銀が買い支えることも考え

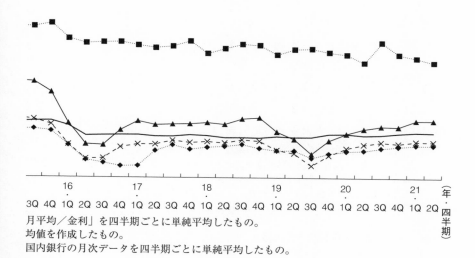

--×-- 国債 5 年　　──▲── 国債10年　　……■…… 国内銀行新規貸

16　　　　17　　　　18　　　　19　　　　20　　　　21　（年
3Q 4Q 1Q 2Q 3Q 4Q 1Q 2Q 3Q 4Q 1Q 2Q 3Q 4Q 1Q 2Q 3Q 4Q 1Q 2Q 3Q 4Q 1Q 2Q　・四半期）

月平均／金利」を四半期ごとに単純平均したもの。
均値を作成したもの。
国内銀行の月次データを四半期ごとに単純平均したもの。

られる。もっとも、国債発行残高が未曽有のレベルとなっているだけに、そうした急激な金利上昇ではなく緩やかな金利上昇であっても財政には深刻な影響が及ぶため、結果的には低金利を長期間維持せざるをえない状況にある。

●脆弱性その 1 ──銀行収益への影響

　前述したように日銀は無制限の資産保有能力と円金利の決定能力があり低金利を維持することができる。円金利は政策金利にとどまらず、国債の大量購入による各年限の国債金利、および国債金利とは無関係に日銀預け金の適用金利を階層別に決めることができ、現状、マイナスの短期金利とゼロ近辺の国債金利を実現し維持している。

図表5－5　国債の支払利息の推移

（単位：兆円）

	2016年度	2017	2018	2019	2020
普通国債推定平残	821.6	844.0	862.0	881.9	946.6
利払額	8.3	8.1	8.0	7.8	7.5
金利	1.01%	0.96%	0.92%	0.88%	0.83%
財投国債推定平残	93.8	94.1	94.6	91.3	118.6
利払額	0.9	0.8	0.7	0.7	0.7
金利	0.98%	0.81%	0.77%	0.75%	0.64%
国債合計	915.4	938.1	956.5	973.1	1,065.3
利払額	9.2	8.9	8.7	8.4	8.2
金利	1.01%	0.94%	0.91%	0.87%	0.77%

（注1）　推定平残は、財務省統計より四半期ごとの単純平均を算出。
（注2）　普通国債のほかに政府短期証券が2020年3月末で74兆円、2021年3月末で90兆円
　　　　あるが国債整理基金特別会計には支払実績はなく逆にマイナス金利での調達だと考
　　　　えられる。
（出所）　財務省

図表5－6　国債発行利回りの推移

（単位：兆円、％）

	国庫短期証券		2年国債		5年国債		10年国債	
	発行額	落札平均利回り	発行額	落札平均利回り	発行額	落札平均利回り	発行額	落札平均利回り
2016年度	294.7	－0.286	29.4	－0.233	30.7	－0.178	31.2	－0.038
2017	282.0	－0.153	28.2	－0.143	28.6	－0.096	29.5	0.061
2018	272.7	－0.178	26.7	－0.135	25.4	－0.108	29.2	0.063
2019	273.1	－0.169	25.4	－0.200	24.7	－0.202	26.3	－0.103
2020	487.3	－0.108	35.0	－0.131	29.2	－0.100	31.7	0.037

（注）　国庫短期証券はすべての期間の落札平均利回り。
（出所）　財務省

　一方、預金金利のゼロフロアーを前提にすると、マイナスの政策金利を起
点とした貸出金利や国債、日銀預け金などの運用金利が調達コストを下回っ

てくると、銀行は採算割れを起こす。多くの銀行が長期間、採算割れの状況
となることは金融システムを不安定化させる可能性がある。

① 貸出金利鞘の推移

全国銀行の貸出金利回りと預金債券等利回りをみると2006年度上期の量的
緩和解除、ゼロ金利政策解除時にいずれも上昇し、リーマンショック後は一
貫して低下している（図表5－7）。

預金債券等利回りは、もともと低金利（ピークの2008年度上期で0.33％）で
あったが、2016年度上期のマイナス金利政策導入後はほぼゼロパーセント
（2016年度0.03％、2017年度上期0.02％、2019年度上期に0.01％）で推移してい
る。

一方、貸出金利回りは金融緩和政策が強化されてきた動きにあわせ直線的
に低下しており、今後もさらに低下することが予想される。預金債券等利回
りにはもはや下げ余地がなく、貸出金利回りの低下はそのまま収益の減少に
つながる。

② 銀行の貸出利鞘の収益構造

銀行における貸出金収益は、主に貸出金利回りから貸出に関するコストを
控除したものから生じる。

貸出に関するコストとしては、資金の調達金利、経費、および与信コスト
があり、貸出金利回りからこれらコストを控除したものが貸出金の収益率と
なる。収益管理上は結果として実現された収益と、貸出金を資産として保有
するための必要資本に対する目標収益（資本コスト）が対比される。

経費率は支出の抑制に加え分母の調達額自体の増加により低下傾向にあ
り、2019年度が0.74％、2020年度下期が0.66％である。この経費率は財務上
の経費全額を調達平残（預金、譲渡性預金、債券）で除して算出しており、貸
出業務のみに係る経費率ではない。業務内容を考えると貸出金への経費割り
振りは過小だと考えられる。

経費控除後利回りも、経費率の低下傾向もあり貸出金利回りの低下速度に
比べて緩慢ではあるが、確実に低下してきている。

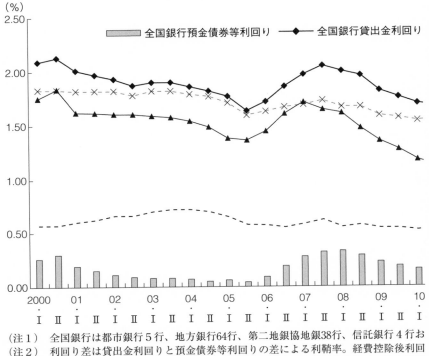

（注 1 ）　全国銀行は都市銀行 5 行、地方銀行64行、第二地銀協地銀38行、信託銀行 4 行お
（注 2 ）　利回り差は貸出金利回りと預金債券等利回りの差による利鞘率。経費控除後利回
（注 3 ）　下期は年度と上期の数値から年度間と上期間の平残は均等に分布していると仮定
（注 4 ）　国内銀行新規貸出金利は日銀「貸出約定平均金利の推移」の新規／総合／国内銀行
（出所）　全銀協「全国銀行財務諸表分析　各年度」

③　金利低下の耐久余力

　新規貸出金利の推移をみると都銀では下げ止まっているが地銀、第二地銀
ではもともとの水準が高かったこともあり、なお低下傾向にある。新規貸出
金利が下げ止まったとしても、地銀の場合、既存貸出金の金利が置き換わる
まで 4 年程度はかかるため、既存の貸出金金利の低下は数年間続くと予想さ
れる。図表 5 － 8 の「国内貸出金利低下余地」と「税前利益／0.1％国内貸
利鞘」をみると、たとえば地銀では新規貸出金利が下げ止まったとしても税
引前利益の金利低下耐久余力は2020年度の0.38％から0.17％とほぼ半減す
る。同様に第二地銀では0.23％が0.06％に低下すると予想される。

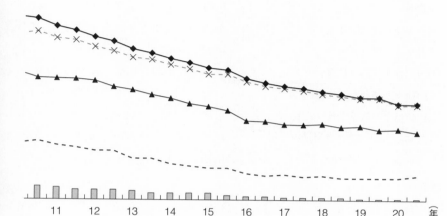

- - ×- - 利回り差　　▲　国内銀行新規貸　- - - - 経費控除後利回り差

よび新生銀行、あおぞら銀行の合計113行。図表5－8も同じ。
り差はそこから経費率（経費を預金債券等の平残で除したもの）を控除した利鞘率。
して推定。
の月次データを半期ごとに単純平均。

　都銀の場合は国際部門の比率が高くかつ損益の振幅も大きい。さらに連結と単体の差が大きく、3メガで傘下の国内銀行単体の税引前当期純利益に対してグループ連結では2018年度で1.72倍、2019年度で4.19倍、2020年度で1.97倍となっている。したがって国内における貸出金利低下のインパクトは相対的に小さい。これに対して地銀、第二地銀は国内かつ単体のウェイトが高く、貸出金利の低下余地も大きいため国内の貸出金利低下のインパクトはそのまま最終損益に直結しやすい。

④　信用コスト

　日銀「金融システムレポート」によれば、1982年度から1989年度の与信コ

図表5－8　全銀協損益等データ

全国銀行単体　　　　　　　　　　　　　　　　　　　　　　　　　　（単位：％）

	2016年度	2017	2018	2019	2020
国内貸出金平残（兆円）	434	442	454	465	498
国内貸出金利回りA	1.10	1.04	0.99	0.95	0.89
経費率	0.84	0.80	0.76	0.74	0.67
経費率控除後利回り差	0.23	0.22	0.21	0.20	0.21
信用コスト率（年率）	0.02	－0.04	0.04	0.10	0.18
国内銀行新規貸（日銀データ）B	0.73	0.69	0.69	0.66	0.64
税引前当期純利益（10億円）	3,892	4,012	2,927	1,925	2,504
国内貸出金利低下余地A－B	0.37	0.35	0.30	0.29	0.25
税前利益／0.1％国内貸利鞘	0.90	0.91	0.64	0.41	0.50
税前利益／0.1％信用コスト	0.73	0.74	0.52	0.34	0.41

都市銀行単体

	2016年度	2017	2018	2019	2020
国内貸出金利回りA	0.97	0.93	0.87	0.84	0.78
経費率	0.72	0.68	0.64	0.60	0.53
経費率控除後利回り差	0.24	0.24	0.22	0.23	0.25
国内銀行新規貸（日銀データ）B	0.48	0.55	0.54	0.57	0.56
税引前当期純利益（10億円）	2,136	2,129	1,364	542	1,164
国内貸出金利低下余地A－B	0.49	0.38	0.33	0.27	0.22
税前利益／0.1％国内貸利鞘	1.29	1.31	0.80	0.31	0.61
税前利益／0.1％信用コスト	0.86	0.86	0.52	0.21	0.41

地方銀行単体

	2016年度	2017	2018	2019	2020
国内貸出金利回りA	1.20	1.12	1.05	1.01	0.96
経費率	0.88	0.85	0.81	0.80	0.74
経費率控除後利回り差	0.29	0.25	0.23	0.20	0.21
国内銀行新規貸（日銀データ）B	1.00	0.96	0.88	0.78	0.75
税引前当期純利益（10億円）	1,102	1,097	922	820	830

国内貸出金利低下余地 A－B	0.20	0.16	0.17	0.23	0.21
税前利益／0.1％国内貸利鞘	0.60	0.58	0.46	0.39	0.38
税前利益／0.1％信用コスト	0.59	0.56	0.45	0.38	0.36

地方銀行Ⅱ単体

国内貸出金利回り A	1.40	1.31	1.24	1.18	1.12
経費率	1.06	1.02	0.98	0.95	0.87
経費率控除後利回り差	0.28	0.25	0.23	0.21	0.23
国内銀行新規貸（日銀データ）B	1.23	1.16	1.10	1.03	0.95
税引前当期純利益（10億円）	231	216	166	107	115
国内貸出金利低下余地 A－B	0.17	0.15	0.14	0.15	0.17
税前利益／0.1％国内貸利鞘	0.48	0.43	0.33	0.23	0.23
税前利益／0.1％信用コスト	0.47	0.43	0.33	0.22	0.23

(注)　「税前利益／0.1％国内貸利鞘」は税引前当期純利益を国内貸出の0.10％分の利鞘で
　　　除した数値であと何パーセントの国内貸出金利鞘率低下で税引前当期純利益がゼロに
　　　なるかの余力を示す。『税前利益／0.1％信用コスト』はあと何パーセントの国内貸出
　　　金の信用コスト率上昇で税引前当期純利益がゼロになるかの値を示す。

ストは0.1％、1990年度から2004年度が1.3％、2005年度から2018年度が
0.1％、1982年度から2018年度にかけては0.6％である。

　業態別にみると、大手行は2008年度の0.8％をピークに2013年度から2018
年度まで－0.1％～＋0.1％のレンジで推移した後、2019年度以降上昇し2020
年度は0.2％強である。地域銀行も同様に推移し、2020年度は0.2％程度であ
る。2020年度の上昇は予防的引当の導入によるもので実質的な与信コストは
上昇していない。

　信用コストは、(i)新規に発生したデフォルト（貸倒れ）によりその貸出債
権の損失額を見積もった新規発生コスト、(ii)(i)で実際に回収や売却、償却等
を行った結果や状況の回復等による再見積金額との差額、(iii)正常先債権を含
む(i)以外のすべての貸出債権に算出された引当率で引き当てた一般貸倒引当
金の増減に大別できる。

　(i)は新規のデフォルトによるものであるため常にコスト要因、(ii)は(i)の損

失見積金額のその後の変化でコスト要因にも収益（戻し益）要因にもなる。(iii)は貸付残高と引当率の変化によって変化し、コスト要因、利益要因、いずれにもなる。

　(iii)の一般貸倒引当金を算出する引当率は(i)と(ii)の新規発生コストによる実損率の過去数年間の実績値推移に基づいて決定されている。直近期の実損率のウェイトを大きくして算出する方法が一般的で、したがって新規発生が多くなると引当率が高くなり、少なくなると小さくなる。その結果、貸倒れが少なくなり(i)(ii)のコストが小さくなると(iii)は戻り益が発生し、逆に(i)(ii)のコストが大きくなると(iii)のコストも大きくなる。すなわち、よいときはますますよくなり、悪いときはますます悪くなる性質をもっている。現行の過去の実損率に基づいた引当方法は、悪いときへの備えの意味はなく、むしろ景気循環などによるクレジットサイクルに伴う銀行損益のアップダウンを増幅している。2019年度からフォワードルッキングに基づいた予防的引当を導入し、引当金による損益への影響を限定的なものにとどめようとする動きがあるが、一般引当金全体ではまだ少額だと思われる。

　2005年度から2018年9月末までの正常先債権の引当率は大手行、地域銀行ともに2008年度、2009年度の0.25％前後をピークに低下傾向が続き、2018年9月末では大手行で0.1％、地域銀行で0.08％程度となっている（日銀「金融システムレポート（2019年4月）」）。貸出残高に大きな変化がない場合、引当率の低下により引当金の戻し益が発生するため、この間は引当金の戻し益で与信費用は抑制されていた。

　新型コロナウイルス感染拡大の影響により貸倒れの増加が懸念されるが、貸倒れの増加は引当金増加、すなわち信用コストの増加につながる。過去の実績・水準と比較しても地銀、第二地銀の信用コスト率上昇に対する利益バッファー0.2％～0.3％を超える信用コスト率上昇（できあがり0.3％～0.4％）は今後、十分に起こりうると考えられる。

⑤　資本コスト対比でみた貸出金の収益性

　全国銀行の2020年度の国内貸出金の収益性を整理すると、貸出金利回り0.89％、預金債券利回り（調達金利）0.01％、利回り差0.88％、経費率0.67％

で経費控除後利回り差は0.21％である。

　信用コストは予防的引当金もあり0.18％で信用コスト控除後の利回り差は0.03％となっている。信用コスト0.18％は過去の実績からみて低い水準であり、信用コスト控除後の利回り差0.03％は、少しでも信用コストが上昇すれば逆鞘になってしまいかねないという意味で、かなりギリギリの状態である。

　貸出金のリスクウェイト0.65、自己資本比率８％、ROE5％、実効税率35％とした場合、資本コストをカバーするためには0.40％の利鞘が必要である（資本コストをカバーするために必要な利鞘＝貸出金のリスクウェイト0.65×自己資本比率0.08×目標ROE0.05／（１－実効税率0.35））。

　貸出金のリスクウェイトは、自己資本比率規制上の貸出金のリスクアセット金額への掛け目で、算出方法や貸出金の種類・信用力によって銀行・貸出金ごとに異なる。2019年度の統合報告書をみると内部格付手法を採用しているメガバンクや大手行の事業法人向けや住宅ローンなど民間向け債権で25％～40％、標準的手法を採用している銀行で60％～70％台である。

　また全銀協のデータによれば銀行単体の自己資本比率は７％～25％のレンジで平均は10.3％、ROEは３％台後半であり、資本コストをカバーするための必要利鞘率0.40％はほぼ妥当な水準と考えられる。

　資本コストを含むすべてのコストをカバーするには、平均的な信用コスト率を0.20％とすると、1.30％程度の貸出金利が必要となる。新規貸出約定平均金利がこの水準程度であったのは2009年度上期（1.35％）、下期（1.28％）で、当時の無担コールオーバーナイト金利、５年国債金利、10年国債金利はそれぞれ2009年度上期が0.10％、0.75％、1.40％、下期が0.10％、0.55％、1.33％であった。

　政策金利や市場金利が低下しても貸出金利は採算ラインを割り込まない1.3％程度に維持できれば問題ないが、現実には競争環境が激しく、むずかしい。つまり、貸出の採算は政策金利や市場金利の水準に大きく依存しているのである。

　そうしたなか、超低金利状況の長期化で貸出の採算悪化→銀行の収益力低下が進み、プラスの利鞘を求めて海外取引や市場取引等を拡大する金融機関

が多いが、マクロ経済環境のなんらかの変化によりたとえば複数の大口債務者の信用コストの増加や内外運用環境の悪化、株価の急落など市場の混乱や預金者の動揺が増幅されて起こりやすいことには注意が必要である。

●対外投資へのシフト

① 非金融法人企業の対外投資

　図表5－9は1980年度以降の非金融法人企業部門のマネーフローの状況であるが、1998年度を境にして赤字主体から黒字主体に変化したことは大きな特徴である。

図表5－9　非金融法人企業部門フロー金額

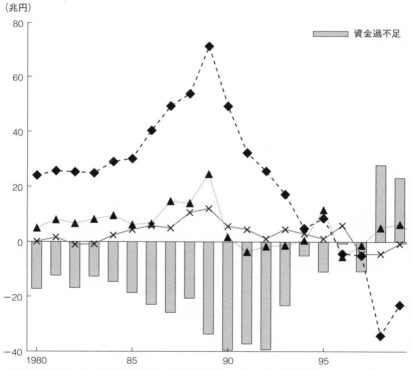

（注）　対外投資は、対外直接投資、対外証券投資、その他対外債権債務の合計値。

資金過不足は金融元本取引では発生しないため、資金不足（マイナス）の場合には国内土地取得、設備投資やサービスの購入など金融元本取引以外の取引で支払超過となっている。

　非金融法人企業部門は1997年度までは資金不足（赤字主体）で、主に借入金と社債で資金を調達し設備投資等の支出超過をまかなっていた。しかし、1998年度以降は、資金余剰部門（黒字主体）に変わり、余剰資金は借入金と社債のネットの返済に充てられた。2011年度以降は金融債務の返済よりも対外投資と預金増加に充てており、さらに2013年度以降は金融債務の増加を伴って増加し、経常収支の黒字額を超える年があるほど対外直接投資が増加し

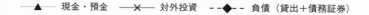

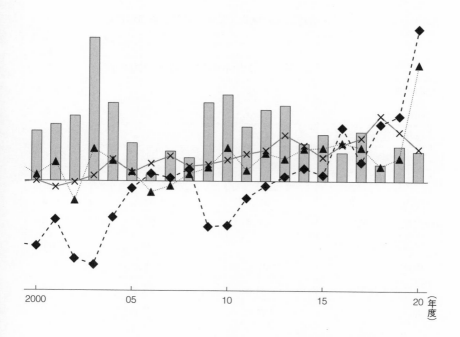

ている。国内投資よりも対外投資のほうが有利と判断している状況がうかがえる。

　非金融法人企業が国内で設備投資を行うと、借入れによるか現預金によるかにかかわらず、マトリックス上は資金不足と計上される。一方、海外で設備投資を行う場合には海外現法を通して行うのが一般的であり、その場合、マトリックス上は海外現法への出資となって対外直接投資に資産計上され、その結果金融元本取引となり資金過不足は生じない。さらに、海外現法は現地で借入金など負債による調達を行うのが一般的であるが、現地における非居住者からの資金調達は親会社の保証ともどもマトリックスの対象外であることから対外直接投資に計上されている金額よりも海外での設備投資等の規模は大きいと考えられる。

　なお、2020年度の負債サイドの貸出と債務証券のフロー金額は55兆円、資産サイドの現金・預金は42兆円であり、新型コロナウイルス感染拡大により資金調達を急激に増加させた一方で、その7割程度が現預金として滞留して

図表 5 −10　量的・質的金融緩和政策導入前後の対外証券投資推移

	フローによる増加額		
	2005年度→2012年度	2013年度→2020年度	合計
金融機関	88.2	81.3	169.5
国内銀行	13.5	− 5.7	7.8
農林水産金融機関	19.8	− 1.6	18.2
中小企業金融機関等	11.1	11.5	22.6
証券投資信託	36.8	45.5	82.3
保険・年金基金	12.7	34.1	46.8
国内非金融部門	61.4	71.0	132.5
民間非金融法人企業	12.5	9.6	22.1
中央政府	37.6	3.2	40.7
社会保障基金	9.4	53.4	62.8
合計	149.6	152.3	301.9

いることがわかる（詳しくは第7章「新型コロナウイルス感染拡大の影響」参照）。

為替レートに影響するアウトライトの為替ポジション供給の観点からみると経常収支のプラスの外貨建部分が外貨売供給を、外貨準備の増加は純粋なアウトライトの外貨買いサイド、経営目的で期間の長い投資である対外直接投資はかなりの部分がアウトライトの外貨買いサイド、対外証券の増加にはヘッジ付きとヘッジ無（アウトライトの外貨買いサイド）が混在していると考えられる。2011年度以降は金融機関を含めた国内部門の対外直接投資が経常収支の黒字を上回っており、対外証券投資は対外直接投資をさらに上回っている。なお為替介入は2003年度と2011年度に大規模な外貨買い介入が行われた以降の実績はない。

② 対外証券投資の拡大

図表5－10は2013年の量的・質的金融緩和政策導入前後の対外証券投資の推移である。

（単位：兆円）

参考 調整による増加額	参考 2005年3月末ストック金額	参考 2021年3月末ストック金額
63.1	155.8	388.4
13.8	22.3	43.9
4.8	20.8	43.9
3.4	8.4	34.5
3.7	22.6	108.6
36.3	68.0	151.1
21.7	132.0	286.1
−30.9	21.8	13.0
14.5	69.9	125.2
38.8	23.7	125.3
84.8	287.8	674.5

2012年度以降、対外証券投資を中心的に行う主体は中央政府から民間に移り、量的・質的金融緩和政策が導入された2013年度以降は保険・年金基金や中小企業金融機関（ゆうちょ銀行を含む）、証券投資信託、社会保証基金など国内の運用機関が対外証券投資を増加させている。

　預金には現実的にはゼロ金利のフロアーがある。生保や投資信託など家計や法人企業向けの金融商品についても預金のゼロ金利フロアーの影響は強く、当初からマイナスを前提にした運用には大きな抵抗があると考えられる。

　国債の発行増加に応じて家計や法人企業の金融資産も増加し、金融機関が運用する金融資産も増加している。一方、2016年1月のマイナス金利導入後、中長期の国債金利がマイナスになると金融機関はプラスの運用を求めて外貨運用にシフトした。経常黒字を超えて海外運用を行うと、必ず海外からの国内運用が発生し、その中心は国債となるため国債金利がさらに低下、金融機関の外貨運用をいっそう促進する結果につながっている。

●脆弱性その2──外貨選好の高まりと外貨準備不足

　外貨準備は中央政府、日銀が外国証券と外貨預金で保有し、結果として経常収支の黒字を吸収してきた。2012年度以降は介入による増加実績はない。一方、前述したように1998年度以降は非金融法人企業部門が資金余剰となり、2011年度以降は余剰分を対外投資と預金の増加に充てており金融機関を含めた国内部門の対外直接投資は経常収支の黒字額を超えている。

　その他にヘッジ無の外貨運用が公的年金、生保、年金基金、証券投資信託などが保有する対外証券投資に含まれていることを考慮すれば現状の対外直接投資を中心とした民間のアウトライトの外貨運用ニーズが経常収支の黒字による円高要因を上回っていると考えられる。

　2021年3月末のストックの概念図は図表5–11のとおりである。

　巨額の国債発行と経常収支の黒字によって家計部門では資金余剰が累積されてきているが、それを現預金で保有しているため低金利が維持されている。一方、その金額は1,000兆円弱と外貨準備152兆円と比べ巨額になってい

図表 5 −11　2021年 3 月末ストックの概念図

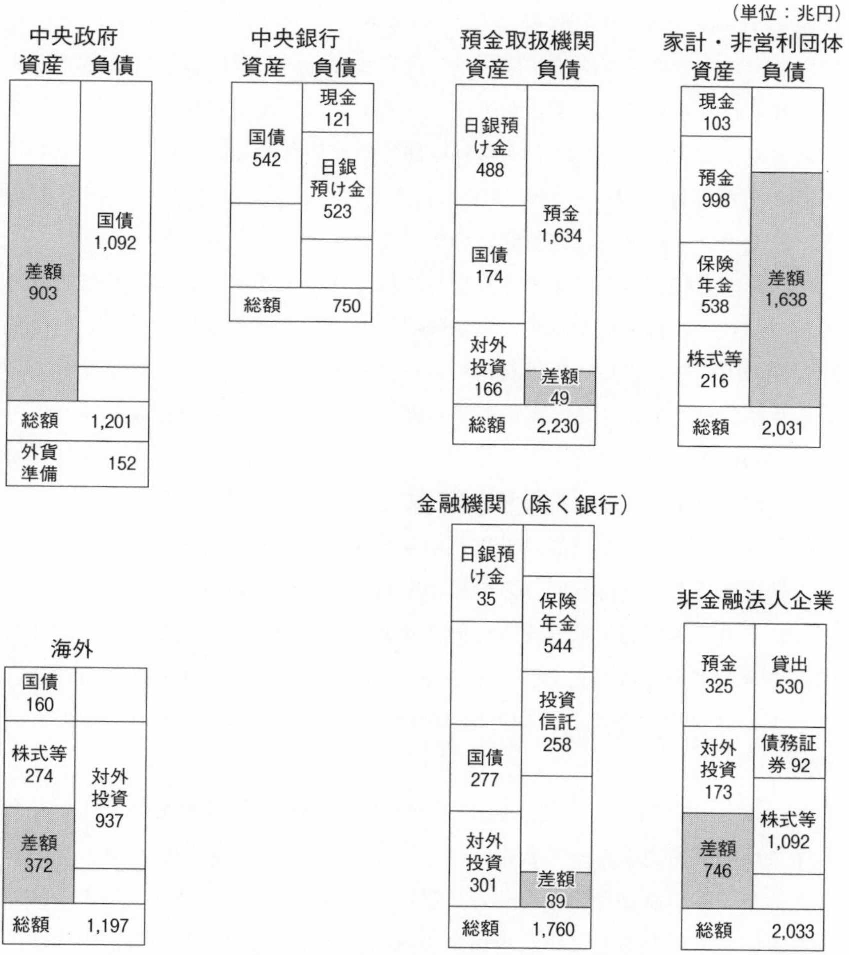

(単位：兆円)

中央政府

資産	負債
差額 903	国債 1,092
総額 1,201	
外貨準備 152	

中央銀行

資産	負債
国債 542	現金 121
	日銀預け金 523
総額 750	

預金取扱機関

資産	負債
日銀預け金 488	預金 1,634
国債 174	
対外投資 166	差額 49
総額 2,230	

家計・非営利団体

資産	負債
現金 103	
預金 998	
保険年金 538	差額 1,638
株式等 216	
総額 2,031	

金融機関（除く銀行）

資産	負債
日銀預け金 35	保険年金 544
国債 277	投資信託 258
対外投資 301	差額 89
総額 1,760	

海外

国債 160	
株式等 274	対外投資 937
差額 372	
総額 1,197	

非金融法人企業

資産	負債
預金 325	貸出 530
対外投資 173	債務証券 92
差額 746	株式等 1,092
総額 2,033	

（注）　国債は上記の中央政府発行のほかに財政投融資資金部門の発行126兆円がある。金融機関（除く銀行）は中央銀行と預金取扱機関（銀行）以外の金融機関。

る。今後、各種の手数料徴収などによる預金金利の実質的なマイナス化やその深掘り、内外金利差の拡大、長寿化に伴う運用ニーズの変化、相続による資産保有世代の交代、資産形成機運の高まりなどをきっかけとして、外貨選好が高まった場合の状況が懸念される。

日銀資金循環統計サイトの「資金循環の日米欧比較」によると、2021年3月末の日本の家計の金融資産に占める現預金の比率は54.3％と、米国13.3％、ユーロエリア34.3％に比べて際立って高い。仮に現預金比率が10％程度低下し、さらにその半分がアウトライトの外貨建て資産に乗り替わると仮定すると約90兆円が現預金から外貨建て資産に替わることになる。90兆円の潜在的な外貨運用ニーズが外国為替市場に与えるインパクトを考える場合、最大のファクターは運用開始のタイミングとスピードだろう。

　現状、経常収支の黒字により直物の外貨売りニーズが年間20兆円程度供給されており、これを対外直接投資が吸収していると考えられるが、年間20兆円程度の円売り外貨買いの外貨運用ニーズが顕在化すれば外国為替市場には大きなインパクトがある。家計による顕著な外貨運用増加が認識され、傾向としての円安が進行し始めると各種のファンドや機関投資家、FX取引参加者などが同じポジションをとり追随してくることが想定される。

　何がきっかけとなり家計の外貨運用ニーズが高まるかは予想がむずかしいが、外貨運用との期待利回り差の拡大や資産運用機運の高まりなどでブームになれば自己実現的に拡大する可能性がある。このような状況のときは日本円との金利差も大きいため、ファンドやFX取引参加者も外貨買い円売りによりキャリー益が発生し、同じ方向のポジションを保有・維持しやすくなる。

　家計が外貨運用を行う場合、iDeCoや積立NISAなど制度的な後押しもあり中長期の資産運用ニーズも相応に高いと考えられ、この場合ポジションもアウトライトの直物が比較的多いと想定される。また、時価評価による決算がなく、すでに保有している現預金からの振替えであることから、中長期に保有する能力はファンド等に比してはるかに大きいと思われる。一方、ファンドやFX取引参加者は直物のほかに先物でも、あるいは先物中心でポジション保有するニーズが大きい。

　第2章でマトリックスの【原理6】として説明したように、直物外貨ポジションは、外貨売買取引で発生したものは取引相手の反対ポジションとペアで発生し、必ず反対のポジションをもつ主体が存在する。非金融元本取引

（経常取引）あるいは外貨建て時価の変動で発生した場合は片サイドのみ単独で発生し反対のポジションは発生しないので、黒字の経常収支由来の直物ポジションが対外直接投資に吸収されている状況では、家計の直物外貨運用ポジションは必ず直物の円資産ポジションをもつ主体が存在する。

　海外からのアウトライトの円建て資産保有ニーズが不足し、さらにファンド等の外貨運用ニーズが高まり円安が加速するような場合には、外貨準備による介入により直物の円資産ポジションを（すでに保有しているアウトライトの外貨資産を売却し円資産に変換することにより）供給することになる。

　本稿では家計による外貨運用の規模を、家計が保有する現預金の約10分の1の90兆円と仮定しているが、152兆円の外貨準備が100兆円を急速に割り込むような状況は避ける必要があり、先物予約による介入や外貨建て国債の発行による介入等の他の手段も使う必要性が高くなるだろう（家計等による外貨運用ポジションの保有方法と介入手段の組合せは本章末の補論「家計等のポジションと介入手段」参照）。あるいは外貨準備を使用するだけで市場は動揺するおそれがあるため早い段階から他の手段を導入する必要があるかもしれない。

　家計以外の要素とすれば、アウトライトの為替ポジションの保有期間がより長期である順に、

① 経常収支の黒字幅の縮小さらには赤字化

　経常収支の黒字は恒久的なアウトライトの外貨売りポジションの供給と考えられ、なんらかの要因で経常収支の黒字幅が傾向的に縮小していった場合のインパクトは大きいと思われる。

② 非金融法人企業の対外直接投資の拡大

　投資収益率の違いを反映して国内投資よりも対外直接投資の割合が高まっているなか、長期にわたる投資期間や調達コストの差からアウトライトの円投による投資が多いと考えられる。

③ 金融機関によるアウトライトの外貨運用

　円金利の運用では採算がとれず、プラス金利を求めてヘッジ付き、あるいはヘッジ無（アウトライト）の外貨運用に運用資金の一部をシフトさせ

ている。特に保有していた日本国債が償還されるなかでマイナス金利の国債では再運用できず、アウトライトの外貨運用の規模を拡大させる金融機関が多くなってきている。

④　ヘッジファンドやFX取引参加者による短期ポジション

市場動向によって一挙に、かつ大規模に一方向に動く可能性があるうえ、前述のとおり円投方向はプラスのキャリー益があるため保有しやすい。

家計の外貨運用ニーズがなんらかのきっかけでブーム化し、現預金から20兆円程度の外貨シフトが短期間に起これば、他の部門も巻き込んでスパイラル的な円安に陥る懸念がある。

国債残高が巨額であるため円金利を大きく上昇させることは不可能な状況である一方、日銀は無制限の資産保有能力と日銀預け金の金利を階層別に任意で決定することが可能で、円金利を低金利、さらにはマイナス金利に維持することができることはすでに述べたとおりである。

しかし、預金のゼロ金利フロアーを前提にすれば、超低金利の金融政策は金融機関、特に銀行の採算悪化を招き、無期限で継続することはできない。また、巨額な国債発行によってもたらされた家計や非金融法人企業の資金余剰の運用先の選択、特に家計部門の外貨運用選好を変化させるには円金利を引き上げる以外に日銀がとりうる方法はないと考えられる。

外貨運用の選好の高まりなどで円安スパイラルが起こった場合、為替市場への介入で対応することが考えられるが、それは中央政府による外貨調達、すなわち高い金利での公的調達にほかならず、円金利全体の広範囲な上昇を避けながら対応する方法を考える必要がある。

以上のように相反する要素のなかで均衡する円の短期金利、国債金利（イールドカーブ）、日銀預け金の金利水準を模索していかなければならない（図表5-12）。

◆補論　家計等のポジションと介入手段

家計による外貨運用ポジションとその追随者のポジションの保有方法と介

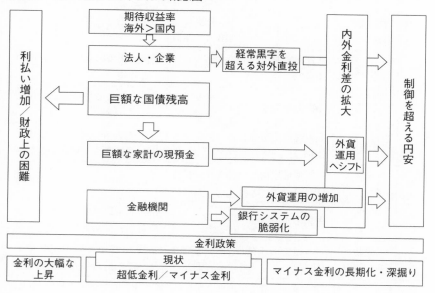

図表5－12　円安スパイラルの概念図

入手段ごとの組合せによる分類は図表5－13のとおりである。

　パターン①は家計等のアウトライトの円投に対して外貨準備の売却（円転）により応えるもので最もシンプルなケースである（図表5－14）。

　中央政府が外貨準備（対外証券投資）を売却して得た政府預金で負債である国庫短期証券を償還していくが、償還される国庫短期証券をどの部門が保有しているかによりその後の資金経路と中央銀行の資金オペレーションが変わってくる。また、中央銀行はこの円買い介入で日銀預け金から政府預金に振替えが起こることから、日銀預け金の総額を一定に保つためには資金供給オペを行う必要がある。

　パターン②は、家計等のアウトライトの円投に対してアウトライトの為替先物の円買い外貨売りにより応えるケースである（図表5－15）。外貨準備の取崩しが進み外貨準備の減少が市場心理に強く影響することが予想されるような状況になった場合には、介入方法を多様化する必要性が増すと思われる。

図表 5 −13　家計等のポジションと介入手段の組合せ

パターン	家計等の ポジション	介入手段	必要な 第三者取引	その他、特徴等
①	円投	外貨準備取崩し （円転）	なし	過度な円安に対する最初の対応と想定
②	円投	先物ドル売り	ヘッジ付き 円転	円転者による短期の日本国債ニーズが発生
③	円投	ドル建て国債発行 （円転）	なし	先物での介入を想定しており、この構造は補完的と想定
④	先物 ドル買い	外貨準備取崩し （円転）	ヘッジ付き 円投	1998年の円買い介入時の構造
⑤	先物 ドル買い	先物ドル売り	なし	先物ドル買い者に先物益、ドル売り者に先物損が発生
⑥	先物 ドル買い	ドル建て国債発行 （円転）	ヘッジ付き 円投	先物での介入を想定しており、この構造は補完的と想定

（注）　家計による外貨建て資産の保有形態は全額投資信託を通してアウトライトの為替ポジションを保有したとしている。

図表 5 −14　パターン① 円投対外貨準備取崩し

家計		証券投資信託		中央政府	
▼流動性預金 ▲投資信託受 　益証券		▲対外証券投 資	▲投資信託受 益証券	▼対外証券投 資 ▲政府預金	

海外		国内銀行		中央銀行	
	▼対外証券投資 ▲対外証券投資	▼日銀預け金	▼流動性預金		▼日銀預け金 ▲政府預金

（注）　項目名の先頭にある▲が増加を▼が減少を表す。シャドーの項目名がアウトライトの外貨建て取引によるもので、パターン①では中央政府のもつ対外証券投資の売却と証券投資信託が購入した対外証券投資を円対価アウトライトの外貨建て取引とした。決済の途中経過や為替売買の銀行仲介取引などは省略し、重要な結果のみを表示した。たとえばパターン①の中央政府による対外証券投資の売却は外貨準備として保有している米国債の売却→外貨預金の入金→介入の決済による外貨預金の減少と政府預金の増加が伴うが外貨預金の増加・減少は省略した。また、証券投資信託内では投資信託受益証券の売却→円預金の入金→円対価でドル購入→外貨預金増加→対外証券購入→外貨預金減少のプロセスを経るが結果のみを表示した。

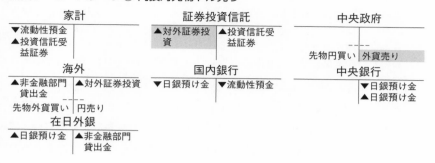

図表5－15　パターン② 円投対先物ドル売り

アウトライトの先物による介入は有力な手段だと考えられる。図表5－15
では、証券投資信託のスポットのドル買い円売りに対し、中央政府がスポッ
トのドル売り円買いで応じ、中央政府がスポットのドル売りのファンディン
グのために直先スワップでドルの直物買い先物売りを行いスポットが決済さ
れた状況である。直先スワップの相手は海外のファンドとし、円買いによっ
て入手した円資金を海外の銀行に円預金し、当該外銀が本支店勘定取引（図
表5－15の非金融部門貸出金）で国内支店の円決済につないだ段階を示してい
る。ヘッジ付き円転を供給するファンド等は一般に銀行のクレジットリスク
を嫌い日本国債で運用する傾向が強く、国債の購入により海外部門の非金融
部門貸出金が国庫短期証券に振り替わっていく。国庫短期証券で低利の運用
に伴うコストは直先スワップの条件に加算され中央政府がドルの調達コスト
として負担することになる（円投・円転の構造や採算については第4章「円投・
円転とヘッジ付き円投・円転の採算構造」参照）。

先物のドル売り円買いはドルの（短期）調達と円の（短期）運用を同時に
行っていることと経済的には（キャッシュフロー的には）同一で、中央政府が
ドルの（短期）調達をしてドル売りに応じたことと採算的には同じである。
直接ドル建ての短期国債を発行する場合に比べて先物予約のほうが、取引相
手が負担するクレジットリスクが小さいため取引量を大きくできる可能性が
高いと考えられる〔注2〕。

〔注2〕　2010年5月以降、日銀とニューヨーク連銀との間で「ニューヨーク連

邦準備銀行との間の為替スワップ取極」が交わされ、日銀は直先スワップによる無制限のドル資金供給を受けられる状況であるが、介入資金はこの取極の目的にはあわないと考えられ、また、取極は為替スワップ契約であるが円資金はほぼ使用されず実質的には連銀のドル融資になりさらに目的にはあわないため、本稿では介入目的の直先スワップの取引相手は民間の市場参加者を想定している。

パターン③は、家計等のアウトライトの円投に対して中央政府がドル建て国債を発行し、調達したドル資金によりアウトライトのドル売り円買い（円転）で応えるケースである（図表5－16）。介入の方法として、外貨準備の取崩し、先物予約による介入、外貨建て借入れ・外貨建て国債による円転、などが考えられるが、即効性や市場規模などから外貨建て借入れ・外貨建て国債発行は先物による介入の補完的な位置づけになると思われる。

コスト的には外貨準備の取崩し（外貨建て受取利息の減少と円建て支払利息の減少）と先物外貨売り（外貨建て利息の支払と円利息の受取り）、外貨建て国債の発行（外貨建て利息の支払と円建て支払利息減少）は、どれも短期・長期の別はあるが構成は同じである。外貨建て国債発行はより明示的に外貨建て支払利息の負担による国債費の増加が意識されると考えられる。各方法の量的な組合せは予想不可能であるが、介入のコストは規模に応じてどの方法も同程度かかる。さらに、円安を抑えるために円金利を引き上げる方法とのコスト比較も必要になるが、巨額な国債残高を考慮するとその一部を外貨建て債務に置き換える（高い支払利息を払う）ことによって全般的な円金利上昇を避けるほうが合理的だと思われる。

図表5－16では、ドル建て国債の保有は海外部門と設定しているが、国内

図表5－16　パターン③ 円投対ドル建て国債発行

家計		証券投資信託		中央政府	
▼流動性預金 ▲投資信託受益証券		▲対外証券投資	▲投資信託受益証券	▲政府預金	▲（ドル建て）国債

海外		国内銀行		中央銀行	
▲（ドル建て）国債	▲対外証券投資	▼日銀預け金	▼流動性預金		▼日銀預け金 ▲政府預金

172

の家計部門や証券投資信託部門等が保有すれば海外部門なしに国内で資金循環する。また、ドル売り円買い介入に伴って日銀預け金が減少し、日銀預け金を一定にするには資金供給オペを行う必要が発生するのはパターン①と同様である。

パターン④、⑤、⑥はアウトライトの先物ドル買いに対して中央政府が応じるもので、パターン④は外貨準備の取崩しによる場合である（図表5－17）。

家計のアウトライトの円投が起点になることを想定しているが、ドル円の金利差をねらった先物のドル買いによるキャリー・トレードに、対外直接投資や家計の円投の動向に乗るかたちでファンドや国内FX取引参加者が参入することが予想され、タイミングや規模によっては先物のドル買いの一部に外貨準備の取崩しが対応することになるケース④もありうると考えられる。

1998年の円買いドル売り介入の時の構造がファンドのキャリー・トレードに対抗するかたちで外貨準備の取崩しが行われた。この構造ではヘッジ付き円投者が必要になるが、当時は日本の金融危機の最中で邦銀のヘッジ付き円投によるドル調達ニーズは非常に強く、邦銀がヘッジ付き円投を供給した（1998年のこの間の状況については第6章「LTCM vs. LTCB」参照）。

図表5－17で国内銀行は外貨預金（資産）の増加になっているがこの外貨預金が外貨建て貸付や外貨建て証券のファンディングに充当される。

パターン⑤は先物対先物の対応で、海外のファンド対中央政府の介入のための先物としている（図表5－18）。

ファンドによるスポットのドル買い円売りに対して中央政府のスポットに

図表5－17　パターン④ 先物ドル買い対外貨準備取崩し

中央政府		海外		国内銀行	
▼対外証券投資			▼対外証券投資	▼日銀預け金	
▲政府預金			▲外貨預金	▲外貨預金	
		先物外貨買い	円売り	先物円買い	外貨売り

中央銀行	
	▼日銀預け金
	▲政府預金

図表 5 −18　パターン⑤ 先物ドル買い対先物ドル売り

図表 5 −19　パターン⑥ 先物ドル買い対ドル建て国債発行

よるドル売り円買い介入があり、ファンドはドルの直物売り先物買いの為替
スワップ、中央政府はドルの直物買い先物売りの為替スワップを行ったもの
で、スポットが決済された後の状況を図示した。

　スポット為替、為替スワップとも複数の銀行が仲介することになるが各銀
行とも資産負債は何も計上されず、先物は売りと買いが両建てで計上されて
いるが省略した。ファンドの先物の期日と中央政府の先物の期日は必ずしも
一致しないが期日のズレのリスク（期間のミスマッチ）は仲介している銀行
がとっている。

　ファンドがドル円の金利差を受け取り、中央政府が支払うことになる。

　パターン⑥は、パターン④の外貨準備の取崩しのかわりに中央政府が外貨
建て国債の発行代り金により介入したケースで、パターン④と基本的には同
一である（図表 5 −19）。

第 6 章

LTCM vs. LTCB

●LTCB危機顕在化でも円高に

　直近で円買いドル売り介入が行われたのは1997年12月から1998年6月でヘッジファンドを中心とする円キャリー・トレード（アウトライトのドル買い円売り為替先物予約により金利差によるキャリー益をねらう取引）による円安ドル高に対抗するものであった。同じ時期に日本長期信用銀行（以下「長銀」または「LTCB」）の経営危機が顕在化し、同行が保有するデリバティブ契約の取扱いについて懸念が高まった。

　当時、邦銀はドル調達をヘッジ付き円投に頼っており、為替先物のドル売りもしくは通貨スワップ契約のドル払いのポジションが大きくなっていた。デリバティブ取引でつくられたポジションは必ず反対のポジションをもつ主体が存在するが、邦銀のこのポジションと円キャリー・トレードのポジションが、規模の大小はともかくとして相殺する方向で見合っていた。

　為替先物や通貨スワップなどのデリバティブ契約は1つのマスター契約のもとで締結されており、銀行の破綻時には一括清算される。LTCBのデリバティブ契約が一括清算されると取引相手の銀行・証券会社が保有するLTCB相手の先物のドル買い契約が一括で消滅するため取引相手は市場でカバーのドル買いを一斉に行うことになる。この構成は邦銀全体が同じであったため、LTCBと同様の事態が連想されやすく、急激な円安になったはずである。しかし、為替レートは、1998年8月のロシア危機とそれに端を発したLTCM（the Long-Term Capital Management）の実質破綻によって円キャリー・トレードは巻き戻され急激に円高に向かった。

　一方、LTCBは1998年10月に特別公的管理に置かれることになりデリバティブ契約は清算されることなく継続することができ一括清算による市場の混乱は避けられた。以上の状況をマトリックスと日銀の統計等をもとに検証したい。

●1997年〜1998年の内外金融情勢

　財務省は「外国為替平衡操作の実施状況」で1991年5月以降の為替介入実

績を公表している。そのうち、円／ドル市場への介入金額と為替レートの推移が図表6－1であるが、過去30年間で円買いドル売り介入が行われたのは1991年5月から1992年8月と1997年12月から1998年6月の2期間のみであり、後者の介入規模は1997年12月1.1兆円、1998年4月2.8兆円、6月0.2兆円であった。月中平均でみたスポット為替レートの円安のピークは1998年8月の144.76円で、その後9月134.50円、10月121.33円、12月117.40円、1999年1月113.14円と急速に円高が進行した。

この期間の国際金融情勢を日銀の公表資料（「BISグローバル金融システム委員会「1998年秋の国際金融危機」（日本銀行仮訳、1999年10月20日）」）から抜粋・要約すると以下のとおりである。

(1) 1997年7月のタイ・バーツ危機から1998年8月ロシア危機まで

タイ・バーツ危機から始まった混乱は、すぐに、東南アジア、韓国、香港、台湾、そして程度は小さいがラテン・アメリカの金融市場にマーケット・ストレスを引き起こした。

アジア諸国の株価は、1997年8月から1998年9月にかけておよそ50％下落し、その後回復し始めた。通貨価値も、1997年8月から1997年末にかけておよそ50％〜100％減価した後に、1998年9月には、平均で約50％減価した水準までに回復した。

1997年6月から1998年8月にかけてのアジアにおけるこうした混乱は、先進諸国の金融市場においては、いくつかのリスクプレミアムを拡大させたものの、結局、中立的あるいは逆に長期金利の下落を通じマーケットの活況を支えるものになったと思われる。1997年7月に始まった主要先進国の長期金利の下落傾向は、米国国債市場において特に顕著であった。

米国および欧州の株価は、1997年10月に1日だけ急落したもののすぐに回復し、1998年半ばに記録した最高値に向かって上昇傾向をたどった。ただし、日本の株価は、日本特有の理由から、弱含みで推移していた。このように、エマージング・マーケットにおいて混乱が発生したにもかかわらず、主要先進国の株価は悪影響を受けなかった。

先進諸国の金融市場も、アジア通貨危機から悪影響をほぼ受けなかった。

図表 6 − 1　為替介入と円ドルレート

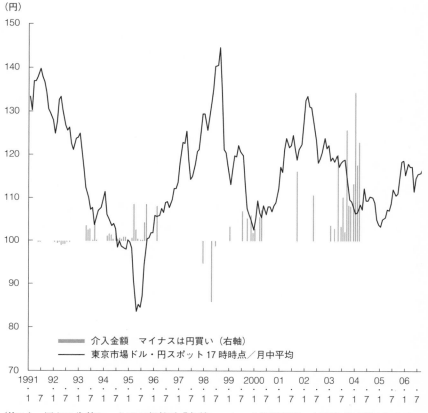

（注 1）　円ドル為替レートは日銀統計「各種マーケット関連統計　外国為替市場」による。
（注 2）　介入は円ドルのみを表示しておりプラス方向がドル買い、マイナス方向が円買い

　たしかに、1997年10月の世界的な株価の急落は、ある 1 つのマーケットへの
ショックが、他のマーケットへもすぐに伝播することを示すものであった
し、ショックを伝播させるメカニズム（レバレッジの利用や特定の資金調達手
段・取引手法・ヘッジ技術の利用など）はそのままマーケットにとどまってい
た。

　しかし、このような状況は1998年 8 月になって一変した。ロシアによる実
質的な債務不履行（同月17日）やルーブル切下げは、一部の投資家に莫大な

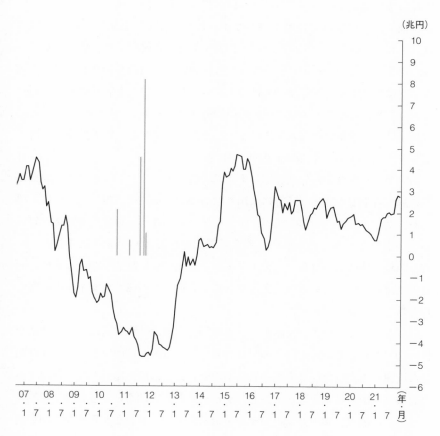

介入を示す。

損失を被らせた。損失を被ったポジションのなかには、債券貸借、レポ、および金融先物など、担保の差入れが必要で毎日値洗い（mark to market）が行われる取引の利用によって、大きくレバレッジが利いていたものもあった。担保価値の下落は、事実上、世界規模の追証請求（margin call）の動きをもたらしたのである。

(2) **1998年8月半ばから9月半ばにかけて**

1998年8月半ばから9月半ばにかけて生じた、安全性および流動性を求め

た投資活動は、先進諸国における長期金利の下落傾向を強めた。高格付社債の利回りは、国債ほどには下落しなかった。一方で、低格付社債の利回りは、著しく上昇した。結果として、1997年7月〜1998年7月とは対照的に、1998年8月〜1999年初頭においては、社債利回りと国債利回りとの間のスプレッドは急拡大し、社債発行額は急激に減少した。主要な国際金融センターにおける社債利回りと国債利回りとの間のスプレッドは、1998年8月から10月にかけて、近年の最高水準まで拡大した。低水準にあった先進諸国の同スプレッドは、40bpから300bp強の範囲に拡大した。

1998年8月〜9月、先進諸国の株価は大幅に下落した。先進諸国の金融部門に対する不安が高まり、特に米国と欧州における同部門の株価下落は大幅であった。ロシアへのエクスポージャーが多いと考えられていた欧州の銀行の株価が最も下落し、米国の大手金融機関の株も激しく売り込まれた。一方、邦銀の株価は、ロシアへのエクスポージャーが比較的少ないうえに、固有の要因からすでに低水準にあったため、先進諸国の株式市場全体の動向から乖離した値動きをみせた。

円／ドル為替レートは反転し、ドルの対円価値は、数日間にわたる急落を伴いつつ減価していった。この円高の要因は、日本経済のマクロ要因とは明確な関連はなかった。日米間の貿易不均衡の存在は円高圧力として作用すると思われたが、この要因が突然注目を集めたわけではない。むしろ、後述のように、円調達に頼ったレバレッジ・ポジションの巻戻しが重要な役割を演じていた。

(3) LTCM

世界の金融市場の状況は、1998年9月初めに、LTCMが被った巨額損失が明らかになることによりいっそう悪化した。LTCMは、金融商品の歴史的な価格推移からの乖離を発見し、一定期間後にはその乖離が解消されるという予測のもとで、レバレッジの強く利いたポジションをつくることにより、高いリターンの獲得をねらっていた。この戦略をとるうえで、同社は、比較的小規模かつ市場流動性の低いマーケットにおいても巨大なポジションをつくっていた。当初、LTCMの主な投資対象は債券であったが、次第に、米国株

価のボラティリティー低下と、個別銘柄株価間の相関関係の長期的安定を予測し、こうした予測に基づいて株式のポジションも拡大していった。LTCMは1998年夏には40億ドルの資本で総額1,250億ドルの資産を運用していた。

　LTCMが破綻した場合には、同社の巨大なポジションが急速に手仕舞われかねないことから、マーケットの混乱が予想された。そこで、ニューヨーク連銀は、破綻以外にとりうる選択肢を模索するため、LTCMの主要な貸し手や取引相手と連絡をとった。その結果、貸し手と取引相手間の協議によって、民間金融機関のコンソーシアムが同社の株式総数の90％に当たる株式と引き換えとした35億ドルの資本再注入を実施するという合意がなされた。

　LTCMへの資本再注入は、同社の莫大なポジションを秩序立ったやり方で徐々に減少させていくことを可能にした。それにもかかわらず、同社による実際のポジション手仕舞いと、手仕舞いが進むという予想は、他のヘッジ・ファンドの動きとも相まって、1998年10月上旬には、金融市場においてきわめて大きな価格変動をもたらした。

(4)　円キャリー・トレード

　LTCMが例外的に高いレバレッジを利かせていたことは事実であるが、借入金への依存やデリバティブの多用といった点は、LTCM特有のものではなかった。多くの投資家によって採用されていたレバレッジを利かせた取引は、安価な円資金を他通貨建ての資産に投資するいわゆる円キャリー・トレードである（LTCMはこのトレードは採用していないといわれている）。この円キャリー・トレードは、借り手を、借入れによるポジション形成に伴うリスクだけではなく、為替レートの変動によって円建て債務の価値が変化する為替リスクにもさらすことになった。クレジットリスクに対する評価が安全性への逃避の動きのなかで厳しくなり、投資家が取引額を縮小させたことにより、市場価格の変動が大きくなった。円／ドル為替レートも、大きく変動したが、そうした動きを円キャリー・トレードのポジションによって説明するケースは多い。特に、1998年9月と10月の急激な円高進行は、明らかに円キャリー・トレードの巻戻しとある程度の関連性があった。信用力が低下した高レバレッジ取引を行っていた投資家は、担保価値の下落を受けてバラン

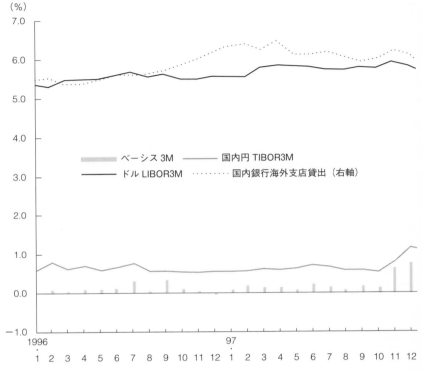

図表6－2　円ドル3カ月金利とベーシスおよび国内銀行海外支店貸出の推移

（注1）　ベーシス3Mは、各月末の東京15時のスポットと3カ月物為替スワップの開き
　　　　の差。
（注2）　国内銀行海外支店貸出残高は日銀統計「国内銀行の資産・負債等（銀行勘定）」

スシートを縮小していき、その過程において、円債務返済のために外為市場
で円調達を行う必要が生じたということである。

　一方国内では、1997年末にかけて多くの金融機関が破綻し金融危機に見舞
われた。1997年11月にはまず、三洋証券が会社更生法を申請、コール市場で
初めてのデフォルトが発生し、国内のコール市場が機能不全に陥った。これ
が引き金となり、その後、北海道拓殖銀行、山一證券が相次いで破綻した。
　また、金融機関による貸渋り・貸剥がしが顕在化し、海外市場では邦銀に

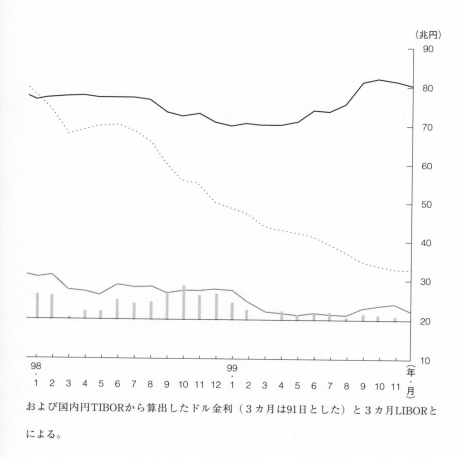

（兆円）

```
98                        99            （年
1 2 3 4 5 6 7 8 9 10 11 12 1 2 3 4 5 6 7 8 9 10 11  ・月）
```

および国内円TIBORから算出したドル金利（３カ月は91日とした）と３カ月LIBORと
による。

対するジャパンプレミアムが急拡大するとともに外貨資金の直接調達が困難
になっていった〔注１〕。

　1998年６月の「長銀破綻」と題する月刊誌の記事をきっかけとして長銀の
株価が暴落し、経営問題が表面化した。住友信託銀行との合併が模索された
が実現せず、10月に成立・施行されたばかりの金融再生関連法に基づき特別
公的管理（国有化）となった。当時長銀は50兆円を超えるデリバティブ契約
を抱えており、破綻処理の方法によっては一斉に解約されるおそれがあった
が特別公的管理への移行で最悪の事態は回避された〔注２〕。

〔注1〕 1990年代の金融政策とその背景については『1990年代における金融政策運営について：アーカイブ資料等からみた日本銀行の認識を中心に』（日銀金融研究所ディスカッション・ペーパー・シリーズ）を参照されたい。

〔注2〕 金融再生関連法の成立までの経緯については『金融再生・健全化法について』（野村資本市場研究所　資本市場クォータリー1999年冬号）を参照されたい。また、長銀のデリバティブ取引の規模は1998年8月17日第143回国会予算委員会第2号での宮澤蔵相の答弁による。

　図表6－2は円とドルの3カ月金利とベーシスの推移と国内銀行の海外支店貸の状況である。1996年1月から1999年12月までは、円とドルの金利差は5％前後あり円キャリー・トレードのインセンティブは高かったことがうかがわれる。ベーシスは邦銀の信用不安が高まった1997年11月に急拡大し、1998年3月〜5月にはいったん縮小したが再度拡大し、その後は国内銀行の海外支店貸出の急減に沿って縮小している。

　1996年以降でベーシスの高まりが確認されるのは1997年11月から1998年末とリーマンショック以降である。1997年11月から1998年末は邦銀の信用不安がピークにあった時期であり、1999年以降は国内銀行海外支店の貸出残高の急減にみられるように邦銀の外貨資産縮小によりベーシスは収まった。

　リーマンショック以降の高まりは規制強化による資本コストの上昇と運用する日本国債の金利低下分の補填によるものと考えられる。また、邦銀の海外貸出が急拡大し円投需要が高まったことも背景にあると思われる（第4章「円投・円転とヘッジ付き円投・円転の採算構造」図表4－8参照）。

●国内金融危機時のマトリックスの動き

　図表6－3は1997年3月末から2000年3月末の状況をマトリックスの海外部門と日銀「国内銀行の資産・負債等（銀行勘定）」をもとに概観したものである。

　経常収支を超えた海外運用は必ず海外からの国内運用を伴うが、この時期のその運用の中心は海外からの貸出でありその過半が外銀国内支店と国内銀行が海外から調達した本支店勘定である。国内銀行がドル調達としてヘッジ付き円投を増加させているが、それと対をなす円転者の中心が外銀で、円転

した円の運用を本支店勘定を通じて日本国内で運用している。図表6－3の
なかで、国内銀行が海外支店での円投用の円資金を供給している流れが海外
部門の負債サイドの「貸出のうち国内銀行本支店」列であり、1997年12月末
に50.9兆円と急増し、1998年中は高原状態で1999年以降急減している。これ
と対をなす外銀国内支店の本支店勘定による円調達は海外部門の資産サイド
の「貸出のうち外銀本支店」列の動きで、1997年12月に増加した後1998年12
月に29.3兆円のピークに達しその後減少している。

　図表6－4は国内銀行海外支店の国内からの本支店調達額、外銀国内支店
の海外からの本支店調達額、国内銀行海外支店の貸出残高、外銀国内支店の
買入手形残高の当該期間の月次推移を表している。

　図表6－4からは国内銀行の国内から海外への回金と外銀の海外から国内
への回金がこの時期は呼応していることがわかる。国内での円運用は通常は
コール市場での運用であるが、前述した三洋証券の破綻によってコール市場
に大きな信用不安が発生し、外銀は日銀宛ての買入手形に移行した。

　この時期の日銀の資金オペの方針は日銀預け金残高を法定準備預金水準に
あわせるものであったことから、外銀が円転で入手した円資金を売出手形で
吸収する一方、外銀等が余剰の円資金を銀行間市場に出さないことにより資
金不足となる邦銀に資金供給オペを行っている。

　コール市場が円滑に機能している限り銀行間で資金の過不足は調整される
が、信用不安が発生しコール市場に余剰資金を出さず日銀預け金に残留させ
る銀行が出てくると資金不足になる銀行が必ず発生し、日銀が当該銀行に資
金供給することになる。そのために増加した日銀預け金総額を元の水準に保
つためには資金吸収オペも同時に行うことになる。

　外銀国内支店の海外からの本支店調達およびその国内での買入手形による
運用のピークは1998年11月、12月でその後は国内銀行の海外貸付の急速な減
少とそのための円投によるドル調達の減少に伴い本支店勘定残高および買入
手形残高は急減している。マトリックス等でみると1998年12月末の中央銀行
買入手形ストック（日本銀行の売出手形）19.6兆円のうち在日外銀は11.3兆
円と6割弱を占めている。

図表6－3　国内金融危機時の海外部門推移

マトリックス海外部門ストック	資産					貸　　出
	貸　　出	貸出のうち国内銀行本支店	貸出のうち外銀本支店	債務証券	株式等・投資信託受益証券	
1997年3月末	100.2	33.1	19.2	35.4	41.4	95.2
1997年12月末	106.9	35.0	25.8	43.4	37.8	112.1
1998年3月末	99.3	33.0	24.0	37.9	42.3	103.0
1998年6月末	99.9	30.4	28.1	39.0	40.3	100.6
1998年9月末	96.5	30.1	27.1	41.1	31.1	102.7
1998年12月末	94.0	28.8	29.3	43.1	36.1	108.9
1999年3月末	82.7	25.7	21.1	42.9	47.8	96.5
1999年6月末	78.9	21.2	21.5	36.8	63.4	83.7
1999年9月末	73.4	19.8	17.8	37.5	74.2	78.7
1999年12月末	77.1	22.1	18.4	32.5	95.4	80.2
2000年3月末	72.8	21.0	15.7	32.4	97.2	76.8

（注1）　資産サイドの貸出のうち、外銀本支店は外銀国内支店が海外から調達した本支店
（注2）　資産サイドの貸出のうち、国内銀行本支店は国内銀行が海外支店から調達した本
（注3）　負債サイドの貸出のうち、外銀本支店および国内銀行本支店も（注1）、（注2）
（注4）　外貨準備はフローでみると1998年第2四半期にドル売り介入により2.4兆円のマ

●円キャリー・トレード対邦銀の為替ポジション

　1997年後半から1998年の期間に邦銀によるヘッジ付き円投（円買いドル売り為替先物予約）と円キャリー・トレードが欧米大手金融機関を中継して見合うかたちで対峙していた。日本政府の円買いドル売り介入を含めて両者の主なマトリックス上の構成は図表6－5、6－6のようになる。

　代表的なパターンの国内銀行海外支店がヘッジ付き円投を行い海外外銀がヘッジ付き円転で応じた場合では、マトリックスの海外部門には資産サイド・負債サイドとも円建ての貸出（資産サイドは外銀国内支店の海外からの本支店勘定調達、負債サイドは国内銀行の海外支店への本支店勘定）が計上される。

負　債							外貨準備
貸出のうち国内銀行本支店	貸出のうち外銀本支店	対外直接投資	対外証券投資	その他対外債権債務	金融資産・負債差額	合　　計	外貨準備
38.5	8.7	23.8	112.2	60.5	−105.2	210.7	26.9
50.9	10.6	31.5	121.8	56.5	−124.6	238.3	28.6
38.1	11.7	32.2	118.5	65.0	−127.6	226.8	28.8
38.0	11.2	32.8	124.7	60.6	−131.2	226.9	28.9
41.1	10.3	33.0	129.6	55.4	−134.2	222.3	28.5
41.3	12.2	27.4	127.6	54.6	−133.3	216.9	25.4
29.9	12.1	27.9	126.7	62.4	−135.5	211.7	26.7
20.1	8.9	28.9	133.2	73.8	−138.4	210.0	29.8
17.1	8.9	29.2	137.6	83.4	−141.3	214.0	29.3
17.4	10.2	22.1	131.3	55.8	−84.7	231.0	29.6
18.3	11.8	22.8	130.4	56.4	−87.9	225.1	34.5

勘定（出所：日銀『国内銀行の資産・負債等（銀行勘定）』）。
支店勘定（出所：同）とマトリックスによる推定値。
と同様で国内から海外への本支店勘定。
イナスとなっている。

　図表6−5のとおり、外銀国内支店に日銀預け金が残り国内銀行の日銀預け金が不足した場合、通常であれば外銀国内支店からコールで国内銀行に融通される。しかし、この時期は邦銀の信用不安により外銀国内支店は日銀売出手形で運用し、国内銀行は日銀オペにより調達していた。国内銀行海外支店はヘッジ付き円投によって入手したドル資金（FED）でドル負債の返済等に充てる。

　逆サイドの円キャリー・トレードとしては海外ファンドがスポットのドル買い円売り＋スワップ取引（スポットのドル売り先物のドル買い）により先物予約でポジション形成し、スポットのドル買いに対して日本国政府がドル売り介入で応じた場合で海外外銀がヘッジ付き円投の状態になりマトリックス

図表6－4 外銀国内支店と国内銀行海外支店の本支店勘定の推移

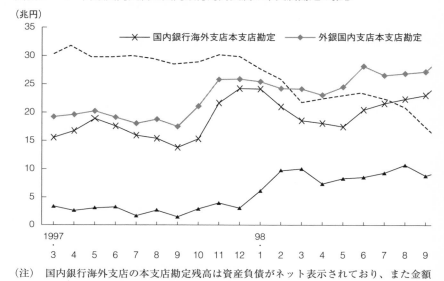

（注） 国内銀行海外支店の本支店勘定残高は資産負債がネット表示されており、また金額

図表6－5 国内銀行海外支店が円投を行い外銀が円転で応じた場合

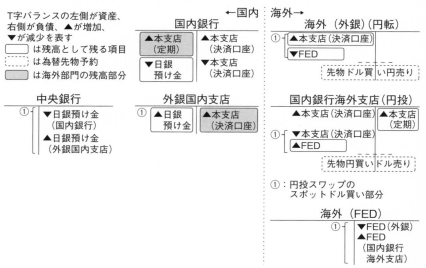

188

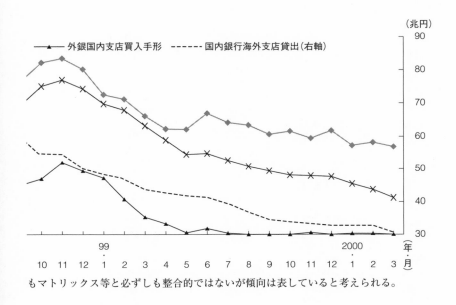

もマトリックス等と必ずしも整合的ではないが傾向は表していると考えられる。

　海外部門は負債サイドの対外証券投資が減少しその分、円建ての貸出（外銀国内支店の海外への本支店勘定運用）が増加する（図表6－6）。

　図表6－6は海外の取引相手は外銀1行に集中しているとしているが、通常は海外のそれぞれの取引の相手は異なり、為替取引は金融機関間で中継されヘッジ付き円投構造により吸収されるものと考えられる。円買いドル売り介入で日銀預け金が政府預金に振り替えられて減少するため日銀預け金の残高を保つためには日本銀行は資金供給オペを実施する必要がある。

　邦銀のヘッジ付き円投と円キャリー・トレード＋円買いドル売り介入が同じ時期に行われ為替先物予約が大手の外銀に集約された場合は、上記の2つの構成が合成され外銀は円転と円投が相殺されてオフバランス取引で為替先物予約が見合う構造になりうる（そのほか、円投場所が国内の場合等のマトリックス上の動きは第4章「円投・円転とヘッジ付き円投・円転の採算構造」参照）。

　この期間は邦銀のヘッジ付き円投の増加をベースに、円キャリー・トレードが増加しLTCMの実質破綻を契機に円キャリー・トレードが急減して

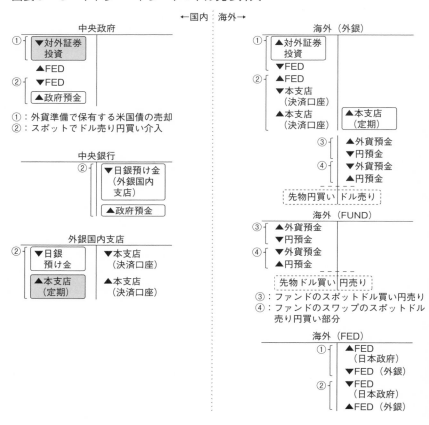

図表6－6　キャリー・トレード＋ドル売り介入

いったものと考えられる。前掲のスワップベーシスの1998年前半の緩和も円キャリー・トレードの増加に伴いヘッジ付き円投方向の為替スワップの需給が緩和された可能性も考えられる。

　円キャリー・トレードの規模を推定するのはむずかしいが、1998年4月に行った円買いドル売り介入の規模が2.8兆円と巨額であったが、結果的にはその後8月まで急速に円安が進んだことから追随者も含めると10兆円を超える規模が考えられる。

　一方、邦銀の円投の規模も推定はむずかしいが本支店勘定の規模や推移、

国内からの海外向け貸出の規模や推移から20兆円を超えるものと考えられる。

●円投構成の脆弱性

邦銀のヘッジ付き円投構成には次のような脆弱性があったと考えられる。

① 1997年11月以降、日本の大手金融機関の破綻が相次ぎ、LTCBを筆頭に邦銀の信用リスクが高まりジャパンプレミアムが広がるなど市場全体で邦銀の信用リスクが強く意識されるようになっていた。

② ①もあってドル資金の直接調達が制約され為替スワップ（通貨スワップを含む）による円投によりいっそう依存していた。その結果、円投は大きな規模となっていた。

③ ドル建て貸付などのドル建て資産に対するドル調達のための為替スワップ（円買いドル売りの先物予約）はどの邦銀も大規模でかつ同じ方向で行っていた。この為替スワップの相手銀行は欧米の大手10行程度に限られていた。この結果、大手欧米銀の対邦銀為替ポジションはドルの買持になるケースが多かったと考えられる。この状況を為替先物予約や通貨スワップ、金利スワップなどオフバランスのデリバティブ取引のうちドル円為替先物予約部分の構成を単純化して図示すると図表6－7のようになる。

④ 図表6－7の構造は大手欧米銀にとって邦銀各行に対して当てはまる可能性が高く、したがって邦銀の1行が破綻した場合には大手欧米銀は一斉にドル買い円売りを行う可能性が高い。また、この状況は大手欧米銀にとって互いの金額の規模は不明ながら市場への影響の方向は共通の認識になっていたと考えられ、かつ邦銀1行が破綻した場合の他行への連想も同じ方向をもつため他の追随者も伴って市場で同じ方向に一斉に動く可能性が高かった。

⑤ 円投による銀行間取引の偏りのほかに、金利スワップ取引でも邦銀の円金利受取りサイドに偏っていたものと思われる。特に固定金利の金融債を調達手段の中心にしていた長信銀3行は固定金利調達の変動金利化のために金利受取りサイドの金利スワップに大幅に偏っていた（取引相手の欧米

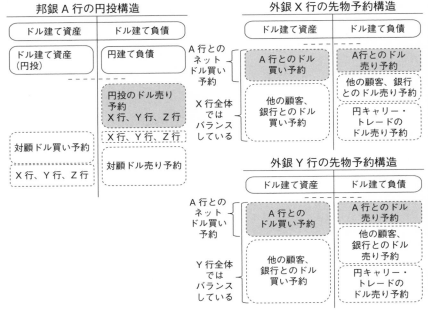

図表6−7　邦銀の円投構造と外銀の先物構造

(注1)　邦銀A行は対顧の先物予約をビジネスとして行っており対顧取引どうしで見合ったり、銀行間市場でカバーしたりしている。この部分は通常為替リスクはとらず、ドル買い予約とドル売り予約金額はバランスさせている。ただし期間のミスマッチは通常の資金取引と同様に銀行本来の機能としてリスクをとっている。

(注2)　円投用のドル売り予約はドル建て資産のファンディング用であり、先物はドル売り予約のみであり為替変動リスクはドル建て資産と対でバランスしている。すなわち先物だけではドル売りの為替リスクを負っている。また、規模は個々の取引でも合計でも非常に大きく、銀行間市場取引を用いるのが一般的である。

(注3)　銀行間取引の主要取引相手は大手欧米銀行10行程度に限られ、そのうち頻繁に出会うのは数行程度である（上図ではX行、Y行、Z行と表示）。

(注4)　外銀X行の先物予約バランスは、全体では売りと買いがバランスしているが、邦銀A行との予約は売りも買いもあるが、A行の多額の円投によりドル買い予約のほうが金額が大きくネットするとドル買い円売りのポジションになると考えられる。この状況は外銀Y行、Z行でも規模はまちまちであるが同様だと考えられる。また、反対サイドに円キャリー・トレード用のドル売り予約が存在すると考えられる。

(注5)　上図は円ドル為替予約を対象としているが、通貨スワップも同様に円投に利用されており通貨スワップの対邦銀ポジションも外銀のドル受取り、円払いサイドに傾いていたと考えられる。

(注6)　為替先物予約や通貨・金利スワップなど相対取引のデリバティブ契約は破綻時には全取引を一括して清算する一括清算契約となっている。たとえば、邦銀A行が破綻すると外銀X行は対A行の全デリバティブ取引が消滅し、その時の全取引の時価合計で清算する。Y行、Z行も同様の清算となる。この時、X行は対A行との取引がネットでドル買持であり、その取引が消滅するため為替ポジション（為替リスク）が突然発生し市場でドル買い円売りのカバーを迫られる。Y行、Z行も同様の状況となる。

銀はしたがって対邦銀では支払サイドに偏っている）。したがって為替と同様に邦銀が破綻した場合には一斉に円金利を支払う方向に動くため円金利の上昇が起こったと考えられる。

　円キャリー・トレードに伴う為替先物予約も大手欧米銀や大手投資銀行に同方向で集まっていたものと考えられ、LTCMの実質破綻をきっかけにして信用リスクの見直しや高レバレッジの見直しに伴い急激に規模を縮小させ、その巻戻しの過程で急激な円高となった。LTCMの実質破綻とその処理は法的破綻による無秩序な混乱こそ避けられたがそれでも市場へのインパクトは非常に大きくその後のLTCBのデリバティブ取引の一括清算回避に向けて大きな影響を与えたと考えられる。

　LTCBは当局をはじめとする関係者の努力により一括清算は免れデリバティブ取引は継続され、大きな市場の混乱は避けられた。一方で、自己資本比率上の問題もあって、国内銀行の海外支店貸付残高は1997年11月の81.9兆円から2004年3月の13.5兆円まで減少し、邦銀の外貨建てビジネスは大きく縮小した。

第 7 章

新型コロナウイルス
感染拡大の影響

●非金融部門の金融負債が急増

　新型コロナウイルス感染拡大の影響は、マトリックス上、どのようなかたちで表れたのか。リーマンショック時の状況と比較しながら、主に国内非金融部門の動向と銀行の海外支店の動向を通して確認してみたい。

　マトリックスの動きから中長期的に懸念される点は、非金融部門（非金融法人企業、一般政府、家計）の金融債務がかつてないほど大きく増加していること、すなわち非金融部門の金融資産、特に現預金が大きく増加していることである。今後、非金融部門の現預金がどのように使用され、また金融資産の選好がどうなっていくか、選好の結果として資産価格や金融市場へどのような影響が出てくるのか、注意が必要である。

　リーマンショック時と新型コロナウイルス感染拡大の時期のマトリックス上の主な動きは以下のとおりである。

①　リーマンショック時の非金融法人企業の国内資金調達は2008年第4四半期に増加に転じ大幅な資金不足となるが、すぐに資金調達は減少に戻り半年でその増加分を返済し、その後も減少基調が続き、資金調達が再び強い増加基調に転じるのは2015年第3四半期からである。また資金過不足状況もすぐに資金余剰基調に戻った。これは非金融法人企業の金融負債の供給＝家計への現預金等の金融資産供給は短期間で終息したことを意味している。

②　一方、一般政府の資金調達は2009年第2四半期から2015年第2四半期まで増加、著しい資金不足（金融負債のネット供給）となりその後も規模は縮小されたものの資金不足・金融負債のネット供給は続き、家計や非金融法人企業などの他部門金融資産のネット増加が続いた。

③　新型コロナウイルス感染拡大時の非金融法人企業の国内資金調達は、2020年第2四半期に41兆円増とそれまでの毎期7兆円程度の増加に比して顕著に増加している。一方この間の資金過不足は余剰を続けており部門全体では金融資産負債両建てで増加している。非金融法人企業全体では滞留されている多額の資金が今後どのように使用されるか注目される。

④　③の調達先は国内銀行（大手銀行と地方銀行）に加え公的金融機関や中小企業金融機関、ノンバンクであり、これはリーマンショック時と大きく異なる点である。調達の多くは公的保証がついていると考えられ今後公的債務に置き換わっていくかも注目される。

⑤　一般政府部門の資金調達も2020年第2四半期に45兆円増とそれまで最大だった24兆円（2011年第2四半期）のほぼ倍額に達し、その後の2四半期も高水準の増加が続いている。また、資金過不足も同様に2020年第2四半期に27兆円の過去最大の資金不足となりその後の2四半期も13兆円台の高水準の資金不足が続いている。したがって家計や非金融法人企業などの他の非金融部門の資金余剰も過去最大の規模となっている。

⑥　一般政府部門の資金不足と並行するかたちで家計部門の資金余剰がかつてない規模で発生し現預金を増加させている。累積された資金余剰の結果として現預金が巨額となっておりさらに追加された状況にある。今後現預金をどう使用するのか、また現預金のまま滞留するのか、あるいは他の（金融）資産を選好していくのか、その変化のスピードと影響に注意が必要である。

⑦　国内銀行の海外支店勘定残高をみると、リーマンショック時も新型コロナウイルス感染拡大時も本店を通じた日銀ドル資金供給オペがバックストップとして機能したことがわかる。特に新型コロナウイルス感染拡大時は当初から低金利で無制限の供給を直接、流動性不足の銀行に行ったことで流動性危機をきわめて短期間で終息させている。

⑧　リーマンショック前の国内銀行海外支店は預貸差もマイナスで資金の約2割を本店に依存していたが、リーマンショック時には預金・CDの減少を補うため本店におけるドル資金供給オペに依存した。ショック後は貸出を減少させることで資金不足を解消させた。

⑨　国内銀行海外支店の貸出は2010年10月の24兆円をボトムに2016年以降は70兆円台まで拡大している。2020年2月までは貸出の大幅な増加に対しても預貸差は大幅なプラスで本店からの資金調達額も預け金とほぼ同額と自律的な資金構造となっていた。新型コロナウイルス感染拡大の影響が顕在

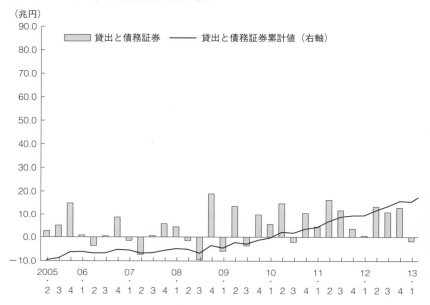

図表7-1　国内非金融部門の資金調達フロー

（兆円）

凡例: 貸出と債務証券　貸出と債務証券累計値（右軸）

化した2020年3月に貸出の大幅増と預金・CDの減少により一挙に本店を通じた日銀のドル資金供給オペに依存する結果となり、この状態は6月まで続いた。国内銀行の海外支店は決済性資金の取込みまでは行っておらず、貸出のためには預金以外の資金調達を行わなければならないノンバンク的な性質が強い。日銀ドル資金供給オペのバックとなっているFEDとのスワップ取引はFEDへの一方的な資金依存が強いこともあり国内銀行海外支店はドルの流動性危機に対する対応をさらに進める必要がある。

以下、主な注目点について詳述する。

●非金融部門の資金調達フロー

非金融部門の資金調達、すなわち金融負債の増減が、リーマンショック時および新型コロナウイルス感染拡大前後でどのように推移したかをマトリックスで確認してみたい。

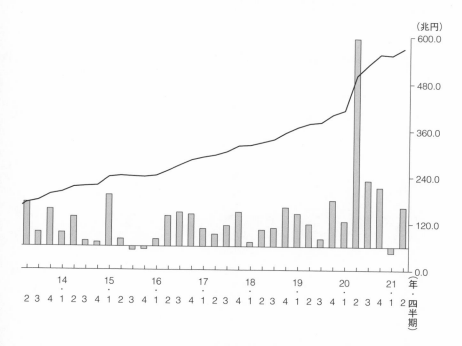

資金調達の中心はマトリックスの項目としては貸出と債務証券の負債サイドのフロー、すなわち主に銀行借入れと国債・社債の純増減額である。マトリックスが新基準となった2005年第2四半期から2021年第2四半期までの両者合計のフロー金額とその累計額が図表7－1である。

国内非金融部門は非金融法人企業、一般政府、家計、対家計民間非営利団体の合計で、上のグラフの累積額のとおりリーマンショック直後の2008年第4四半期を分岐点としてその後は直線状に増加し新型コロナウイルス感染拡大の対応で2020年第2四半期にはかつてない規模で急増している。

非金融法人企業は前述のとおり、1998年度以降、資金回収（資金余剰）に変わり、債務の返済に充てている。2011年度以降は資金余剰を返済よりも対外投資と預金の増加に充てており、さらに2013年度以降は資金調達も増加させ対外投資を行っている。そうしたなか、図表7－2からわかるように、リーマンショック時の2008年第4四半期には急激に資金調達を増加させた

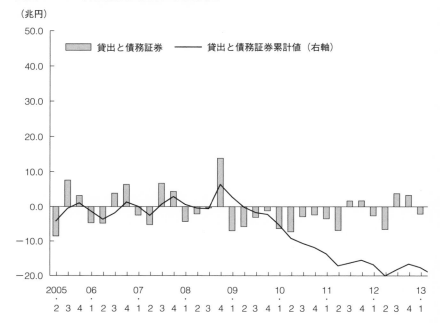

図表7－2　非金融法人企業の資金調達フロー

(兆円)

凡例: 貸出と債務証券　　　貸出と債務証券累計値（右軸）

が、その後の2四半期で増加分はほぼ返済しておりすぐに資金余剰トレンドに戻った。新型コロナウイルスの感染が拡大した2020年第2四半期にはかつてない規模で調達が増加している。この急増の動向については後述する。

　一般政府部門の資金調達フローは図表7－3のとおりである。

　リーマンショック以降2014年度まで毎年度30兆円から40兆円の高水準の資金調達増が続き、その後いったん10兆円台の緩やかな増加となったが、2020年度には75兆円と急増している。一般政府、特に中央政府が多額の資金調達とその費消により大幅なネット金融負債供給（資金不足）の中心となっている。

　この期間（2005年第2四半期～2021年第2四半期）の部門ごとの資金過不足の状況と金融資産負債の動向について図表7－4のフロー累積額で確認してみたい。

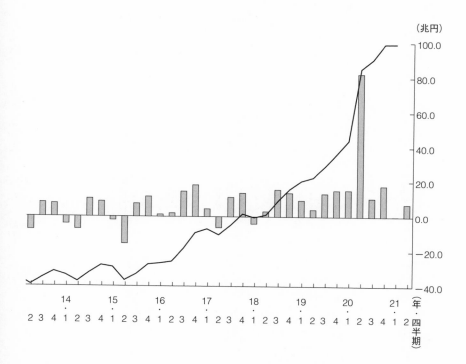

（兆円）

14・2 3 4　15・1 2 3 4　16・1 2 3 4　17・1 2 3 4　18・1 2 3 4　19・1 2 3 4　20・1 2 3 4　21・1 2（年・四半期）

　マトリックス上のフローの構造をマトリックスの原理から整理すると、①非金融部門の金融負債増減は非金融部門の金融資産増減とパラレルである、②非金融部門の資金不足は（ネット負債増）他の非金融部門の資金超過（ネット金融資産増）とパラレルである、③経常収支の黒字累計を超える海外（対外）金融資産増は海外（対外）金融負債増とパラレルである。

　一般政府部門内の中央政府が国債発行による資金調達とその費消により大幅な資金不足となり、他の非金融部門に金融資産とネット金融資産を供給している。マトリックスの【原理１】のとおり、非金融部門の金融負債増と非金融部門の金融資産増とはパラレルであり、またネット負債増（資金不足）はネット資産増（資金超過）とパラレルである。国際収支のこの間の恒常的な経常黒字累積により海外部門もネット負債増（資金不足）であり、この両部門のネット負債増により家計部門と非金融法人企業部門が大幅なネット資

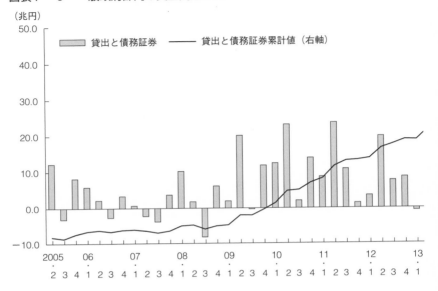

図表 7 － 3　一般政府部門の資金調達フロー

（兆円）

凡例：
貸出と債務証券
貸出と債務証券累計値（右軸）

産増（資金超過）となっている。また同時に一般政府の負債増に伴って家計を中心に金融資産増となっている。

　一般政府には公的年金等の社会保障基金が含まれており、対外証券投資増101兆円は中央政府の外貨準備が40兆円と社会保障基金が60兆円であり、資産の債務証券－36兆円のうち－27兆円が社会保障基金である。また、資産の現金・預金増の63兆円のうち27兆円が中央政府によるもので2020年度に留保された資金である。他は主に地方公共団体による現預金の積上げである。

　非金融法人企業は、資金調達を増加させている期間でも国内での実物投資よりも海外投資や現預金など金融資産投資を選好しているため資金余剰が継続している（国内での設備投資は資金不足となるが海外での設備投資はマトリックス上は対外向け投融資になり金融資産が計上されることから資金不足とはならない）。非金融法人企業は資金余剰の263兆円に貸出と債務証券による調達増103兆円と合わせて対外投資と現預金に振り向けている。現預金増142兆円のうち2020年度に資金調達を伴って42兆円増加させ資金を留保している。

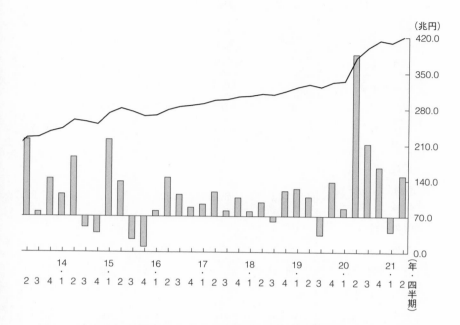

（兆円）
420.0
350.0
280.0
210.0
140.0
70.0
0.0

'14 '15 '16 '17 '18 '19 '20 '21 （年・四半期）

2 3 4 1 2 3 4 1 2 3 4 1 2 3 4 1 2 3 4 1 2 3 4 1 2 3 4 1 2 3 4 1 2

　家計（対家計民間非営利団体を含む）は恒常的に資金余剰で現金・預金が積み上がっている。この期間の金融資産増加額357兆円に対し306兆円、86％が現預金で保有されていることになる。家計部門の負債のうち、貸出増加は主に住宅ローンである。家計部門内でも住宅ローンを借り入れて住宅投資をするセクター（資金不足となるセクター）があり当該セクターはネット金融負債を供給していると考えられるが、仮に当該セクターの金融資産増加がこの期間なく借入れがそのまま資金不足であったとすれば家計部門内の他の部分は359兆円の資金余剰となっていることになる（314＋45兆円）。

　家計は1個の非常に大きい部門になっており家計部門内の資金余剰の分布や偏在はマトリックスからはわからない。今後も当面は家計部門の資金余剰は高水準が続き全体ではネット金融資産の増加が続くと予想されるが同時に家計部門内の資金余剰の偏在（いわゆる二極化）も進むことが懸念される。

　マトリックスの【原理3】より国際収支の経常黒字を超えて海外で運用を行うと必ず海外からの運用を伴う。また【原理6】より経常黒字を超えて円

図表7－4　部門別にみた資金過不足・金融資産負債動向　　　　　　　　（単位：兆円）

2005年第2～2021年第2四半期フロー累計値		非金融法人企業	家計＋対家計民間非営利団体	一般政府	海外	金融機関
資産	現金・預金	142.4	305.7	63.3	2.7	613.7
	貸出	15.1	0.7	－17.6	119.2	283.5
	債務証券	8.6	－11.6	－35.8	169.9	374.4
	株式等・投資信託受益証券	－0.9	7.7	－3.9	62.1	141.0
	保険・年金・定型保証	1.2	45.8			－25.3
	対外直接投資	161.4				40.7
	対外証券投資	21.5	6.0	101.2		172.6
	その他共合計	360.2	357.3	25.2	389.3	1,530.0
負債	現金・預金				19.9	1,107.9
	貸出	108.1	44.7	－41.3	88.7	200.7
	債務証券	－5.2		463.0		47.6
	株式等・投資信託受益証券	46.7		－3.5		162.9
	保険・年金・定型保証	－23.1				44.9
	対外直接投資				202.2	
	対外証券投資				301.3	
	資金過不足	263.3	313.9	－417.3	－251.9	92.0
	その他共合計	360.2	357.3	25.2	389.3	1,530.0

（注1）　上記の5大部門でマトリックス全部門を表示。
（注2）　家計＋対家計民間非営利団体の株式等・投資信託受益証券の7.7は、株式等が－33.8で投資信託が＋41.5。

投を行うと必ず円転を伴う。この期間の海外部門の資金不足、すなわち経常黒字累計額は252兆円で海外での運用増加額すなわち海外部門の負債の増加

額が641兆円であり差額の389兆円が海外から国内への運用（海外部門の資産）となっている。

　国内から海外への運用の中心は対外直接投資と対外証券投資であり、対外直接投資の担い手は非金融法人企業が中心である。対外証券投資の増加額301兆円の担い手は一般政府内が外貨準備40兆円と社会保障基金60兆円、金融機関が証券投資信託の83兆円、保険・年金基金の48兆円、預金取扱機関の46兆円である。

　対外直接投資増202兆円と対外証券投資増301兆円だけで経常黒字累計252兆円のちょうど２倍の規模に達している。経常黒字の累計額を超える海外から国内への運用（海外部門の資産サイド）の主なものは債務証券内の国庫短期証券78兆円と国債・財投債60兆円、貸出119兆円内の現先・債券貸借取引64兆円と非金融部門貸出金（主に海外本支店貸）56兆円である。

　短期の国債でのマイナス金利運用が可能なのはヘッジ付き円転によるマイナス金利での円調達によるものと考えられる（国内の運用機関が利鞘を求めて対外運用を行う場合の構造については第４章「円投・円転とヘッジ付き円投・円転の採算構造」参照）。経常黒字累計（資金不足）と対外直接投資、対外証券投資がすべて外貨だと仮定した場合、この規模の対外直接投資と対外証券投資を行うために必要な円転額をラフに見積もると187兆円（202＋301－252－現先・債券貸借取引64兆円）であり海外部門の債務証券運用170兆円に拮抗している。

●家計・企業ともに現預金積上げ

　新型コロナウイルス感染拡大の影響が大きく表れた2020年度と2019年度のフロー金額を比較してみると次のような特徴が指摘できる（図表７−５）。

① 　2020年度の一般政府部門では国債増77.1兆円、資金不足51.2兆円といずれもかつてない規模に達しており、かつ29.9兆円を現金・預金に滞留している。

② 　①により家計の大幅な資金余剰が発生し、家計は現預金を積み上げている。

図表7−5　新型コロナウイルス感染拡大時の部門別資金過不足と金融資産負債

| フロー金額（兆円） | | 2020年度 | | | |
		非金融法人企業	家計+対家計民間非営利団体	一般政府	海外
資産	現金・預金	42.3	60.8	29.9	0.3
	貸出	3.0	0.3	−2.5	1.8
	債務証券	4.9	0.4	0.4	22.2
	株式等・投資信託受益証券	2.2	1.9	2.8	0.5
	保険・年金・定型保証	0.9	3.9		
	対外直接投資	14.3			
	対外証券投資	−1.5	−1.9	5.9	
	その他共合計	70.6	63.1	42.8	2.5
負債	現金・預金				1.8
	貸出	48.1	10.3	−2.2	−18.6
	債務証券	7.2		77.1	
	株式等・投資信託受益証券	3.7		0.6	
	保険・年金・定型保証	−1.0			
	対外直接投資				17.2
	対外証券投資				4.3
	資金過不足	10.7	53.5	−51.2	−18.0
	その他共合計	70.6	63.1	42.8	2.5

③　2020年度の非金融法人企業は負債サイドの貸出（借入れ）と債務証券で55.3兆円増と資金調達を大規模に行い部門全体では現預金を42.3兆円増としている。足元では同一企業内で両建てで資金が滞留している部分も大きいと思われる。

④　非金融法人企業は2020年度も大幅な資金余剰を維持し対外直接投資の高水準も維持している。

動向

（単位：兆円）

金融機関	2019年度					
	非金融法人企業	家計+対家計民間非営利団体	一般政府	海外	金融機関	
141.6	8.4	21.7	−3.0	−0.6	0.3
84.6	1.6	0.1	−4.5	28.7	120.7
92.6	0.8	0.5	−4.0	4.6	27.2
19.4	0.6	−2.9	1.6	1.5	12.5
−0.4	0.1	2.0			−1.2
2.9	15.4				4.6
1.8	2.0	0.3	11.8		12.6
371.6	16.0	22.1	0.9	59.5	178.2
273.1				−0.5	27.2
49.7	13.5	8.0	−2.3	29.2	98.0
36.1	10.2		14.4		4.5
22.5	1.1		0.1		12.2
5.4	−1.0				1.8
				20.0	
				26.8	
5.0	12.6	15.7	−13.0	−18.5	3.2
371.6	16.0	22.1	0.9	59.5	178.2

⑤　海外部門は経常黒字による資金不足（他部門のネット金融資産増）が継続している。

⑥　対外証券投資は銀行を中心とした金融機関の運用が減少したため2020年度は小幅な増加にとどまった。

⑦　海外部門の2019年度負債の貸出（借入れ）29.2兆円の急増と2020年度の急減は主にドル資金供給オペによる邦銀海外支店向けドルファンディング

の動向によるもので対応する項目は資産サイドのその他対外債権債務（FEDから日本銀行への預け金で図表7-5ではその他共計に含まれる）の急増と急減である。

非金融法人部門は2020年度に借入れが急増し現預金も大きく増加しているが、部門内の取引（フロー）はマトリックスでは捨象されるため部門内の資金の偏在性は不明である。たとえばある企業群が借入れを増加させその資金を他の企業群への経常取引の支払に充てた場合、前者が資金不足のセクターで後者が資金余剰のセクターとなるが部門全体では借入れと預金の増加になり資金過不足は発生しない。資金調達の直後は負債の増加と預金の増加となり預金が費消されていくことになるが予備的な準備のための資金調達も多く含まれているものと考えられる。予備的な準備のための資金は同一企業内で負債増と預金増の両建てとなっている。

部門全体の大幅な資金余剰には多額の補助金や助成金が含まれる一方、個別の企業では借入れによる賃金の支払等で資金不足を伴いながら家計部門に資金移動している部分も大きいと考えられ、資金過不足も部門内の偏在性は不明である。

本章末の補論(1)「2020年度の貸出と債務証券」で示すように借入れ先には国内銀行（大手銀行と地方銀行）だけでなく中小企業金融機関も多く、さらには公的金融機関や、ノンバンクも含まれる。これはリーマンショック時と大きく異なる点である。より小規模な企業の資金調達増加が広範囲で行われていると考えられ、その多くは公的保証がついていると考えられる。

リーマンショック時には2008年第4四半期に一時的に資金調達が13.8兆円増加したが、翌四半期以降は返済基調に戻り、その後2四半期で増加した分は解消した。今回の新型コロナウイルス感染拡大の影響は長期化しており、今後増加した資金調達がリーマンショック時のように早期に返済されるのか、実際に費消され中長期にわたり債務が残存するのか、あるいは保証実行により公的債務に置き換わっていくのか、どのような動きになるか注目される。また、高水準の債務が残存する限り非金融部門の金融資産も残存することになり、非金融部門のグロスの金融資産水準を上げていることになる。こ

の金融資産がどのような投資に向かうのか、資産サイドの動向も注目される。

2020年度は家計の大幅な資金余剰が際立っている。これは一般政府部門の大幅な金融負債の増加とその費消による大幅な資金不足（ネット金融負債の供給）により家計が大幅なネット金融資産の増加となったものである。2019年度、2020年度も家計部門の負債サイドの貸出（借入れ）増加の中心は住宅ローンで借入増加が継続している。これは家賃と住宅価格と借入金利の相対的な関係で家賃が割高であることを反映していると考えられる。この負債の増加分も含めて家計はかつてない大幅な資金を現金・預金に積み上げている。

今後の変動を予想することはむずかしいが、マトリックスの原理から一般政府部門が資金余剰になり国債（負債）を純減させない限り、他の非金融部門（家計、非金融法人企業、対家計民間非営利団体、海外）の資金余剰額は減少せず資金は他の非金融部門内を循環する（【原理1】）。

これはどのような投資や消費を行ってもネットの資金水準（ネット金融資産額）は減少しないことを意味する。たとえば家計部門が現金・預金を消費に充てた場合、消費税や法人・個人の所得税が増加しこの部分では一般政府部門の資金余剰となるが、一般政府部門が他の部分も含めた全体で資金余剰とし債務の純減に転じない限り、家計部門が現金・預金を何回消費しても家計部門内を循環するか、非金融法人企業に移転するか、海外に移転するかしかない。当面は海外部門の資金不足（経常黒字）は所得収支の大幅な黒字により継続されるはずであり、家計と非金融法人企業合計では資金余剰を維持すると考えられ、非金融法人企業がどのような投資や支出を行っても同様だと思われる。

非金融法人企業が国内不動産投資を行った場合は非金融法人企業から購入すれば部門内で相殺されマトリックスに変化はなく家計から購入した場合は家計が資金余剰、非法人企業が資金不足となって両者の合計は不変である。国内株式等の国内金融資産への投資の場合は金融元本取引であり、どの部門も資金不足・余剰にはならず株価等が上がり調整金額が上昇することにな

る。したがって、家計と非金融法人企業に資金余剰がすでに高い水準で累積され現預金残高も長期間、高いレベルで推移していることを考えると、不動産価格や国内金融資産価格が過度に上昇する蓋然性は低い。

　一般政府部門はリーマンショック後の動向と同じように当面は高水準の金融負債増加とその費消による資金不足が継続すると予想され、家計と非金融法人企業の資金余剰額も高水準で推移・累積するであろう。現状でもすでにきわめて高い水準で資金余剰となっているが、さらに上積みされる場合、銀行は預金流入が続き資産サイドは増発した分の国債かその代替としての日銀預け金が増加の中心となる。日銀預け金になるか否かは日本銀行の国債購入動向によるがイールドカーブコントロールで国債を銀行の資金コスト以下の低金利に維持する限り相当な程度で日銀預け金が増加するものと考えられる。

　非金融法人企業は2020年度に急増した資金調達が今後どうなるか注目される。一部の法人企業は予備的に調達した資金をいずれは返済していくと思われるが運転資金として費消する法人企業も多いと思われる。部門全体では経常黒字の継続や一般政府からの補助金や助成金もあり資金余剰が継続されるだろうが急増した負債の一部は残存しその分、他の法人企業や家計の金融資産水準を押し上げる結果となるのではないか。

　また、内外の投資条件は海外投資が有利な状況に大きな変化はなく対外直接投資の増加は継続するだろう。国内の運用部門（証券投資信託、保険・年金基金、公的年金、銀行の資金証券部門など）がヘッジ付きの有無にかかわらず円投による対外証券投資を積極化するか否かは主に内外の金利動向によると考えられるため、インフレ傾向の違いや低金利政策の継続の動向が注目される。経常黒字を超える対外直接投資や円投による対外証券投資は海外からの円転による日本国債を中心とした円運用を発生させ資金循環することになる。

　日本では低金利政策が継続される見込みのなか、家計部門の資産選好が従来と同様に現金・預金中心で民間銀行部門と中央銀行を経由して公的債務の増加を低金利で安定的に支えていく構造は当面維持されると予想される。し

かし、この構造の規模がますます巨額化しており選好の変化に対して大きな脆弱性があると考えられる。この脆弱性については第5章「マトリックスからみた国内経済の脆弱性」で説明したとおりである。

●国内銀行のドル調達動向

日銀統計「国内銀行の資産・負債等（銀行勘定）」は国内銀行（旧都市銀行、旧長期信用銀行、信託銀行、地銀、第二地銀等）を対象にしており、国内バランスシートの主要科目残高を月次で公表している。また海外支店勘定や都市銀行、地銀、第二地銀のサブカテゴリーごとの残高も公表している。国内部門だけを対象にしているマトリックスではみられない海外支店勘定のリーマンショック時と新型コロナウイルス感染拡大時の動向が分析できる。

国内銀行海外支店は、図表7-6のとおり、リーマンショック時以前は預金・CDによる調達を超えた貸出を行っており、本店からの調達にも依存していた。リーマンショック後は貸出を縮小したが、2010年10月の24兆円をボトムに急速に残高を増加させ2016年以降は70兆円台まで拡大している。並行して法人預金を中心に預金調達を進め預貸差は大幅なプラスであり、また本店からの資金調達額も預け金とほぼ同額と支店内で調達し運用する自律的な資金構造となっていた。

図表7-7と図表7-8は海外支店の預貸差（預金・CD残高-貸出残高）と資金余剰（預け金残高・コールローン-本支店調達残高）についてリーマンショック時と新型コロナウイルス感染拡大時を比較したものである。

リーマンショック以前より預貸差はマイナスであり、本店に資金依存していたがリーマンショック時はさらに資金状況が悪化し、調達はドル資金供給オペに頼り、貸出も縮小することで預貸差をプラスに回復していった。リーマンショック後貸出を増加させる過程では預金を拡大し自律的な調達構造になっていったが新型コロナウイルス感染拡大時は貸出が急増する一方CDが急減したことで2020年3月に資金状況は急激に厳しくなり巨額のドル資金供給オペに依存することになった。

新型コロナウイルス感染拡大時の米国短期市場の状況は日銀レビュー「米

図表7－6　国内銀行海外支店の貸出と預金・CD残高推移

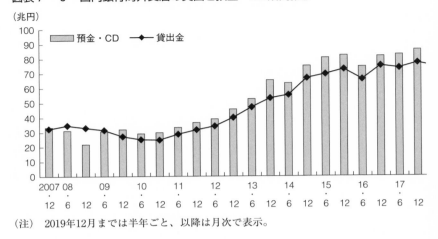

（注）　2019年12月までは半年ごと、以降は月次で表示。

図表7－7　国内銀行海外支店の預貸差と資金余剰

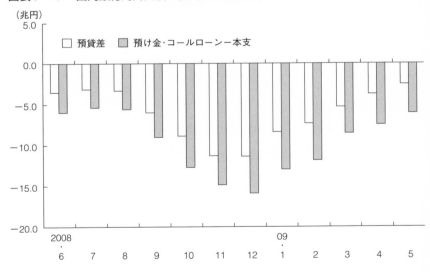

国短期金融市場の不安定化とグローバルな波及」（2020年8月）のなかで「新型コロナウイルス感染症が世界的に拡大するなか、経済活動の収縮や不確実性の高まりを受けて、企業・家計などの経済主体の手元資金需要は急激に増

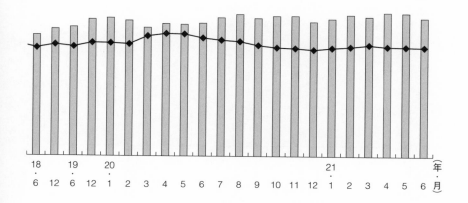

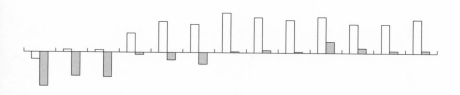

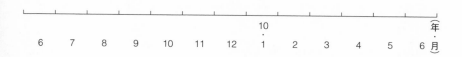

加した。米国では、現預金ないし現金類似の（元本リスクが僅少で、満期が短い）金融商品に、資金が急速にシフトする動き（dash for cash）が拡がった。具体的には、債券市場では、長期国債、地方債、高格付の社債などを売却す

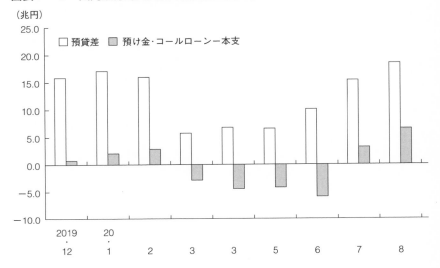

図表7－8　国内銀行海外支店の預貸差と資金余剰

（兆円）

凡例: □ 預貸差　■ 預け金・コールローン－本支

る動きがみられた。また、短期金融市場では、元本リスクがあり流動性も劣るCP・CDや、これらを主な投資対象とするプライムMMF等を、売却・解約する動きが拡がった。他方で、同じ短期金融商品でも、短期国債やタームの短い有担保のレポ取引などの現金類似商品や、これらを主な投資対象とするガバメントMMF等には、資金が流入した。こうした解約資金等のシフトに加え、企業が金融機関からドル資金のコミットメントラインを引き出したことも相俟って、米国の銀行預金残高は大幅に拡大した。上述のような動きは、過去に例をみないほど大規模かつ急速であっただけに、金融商品間の需給を変化させるにとどまらず、市場機能の面でも大きな摩擦を生じさせた」と述べられている。

　国内銀行の海外支店勘定の動きを当てはめてみると、2020年3月にCDが前月比13％、3.2兆円急減し、貸出が7％、5.4兆円急増している。貸出の急増は日銀レビューにあるようにコミットメントライン引出しによる企業の決済性資金保有ニーズ（dash for cash）によるものと思われる。

　国内銀行の海外支店の資金構造はリーマンショック時に比べて自律的な調

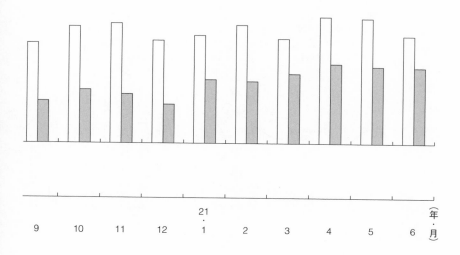

				21 ・					(年 ・
9	10	11	12	1	2	3	4	5	6 月)

達構造にシフトしていたが、日銀レビューで指摘しているような銀行預金残高の急増はみられずむしろ前月比２％、1.7兆円の減少となっている。国内銀行の海外支店は、全体としては決済性資金を取り込むことはできていないと考えられ、貸出のためにはなんらかの資金調達を行わなければならないノンバンク的な性格が依然として強い。

　貸出の急増と預金・CDの急減を補ったのは本店からの調達で３月に前月比で15.0兆円の増加となっている。この間資金リザーブと考えられる預け金・コールローンが9.3兆円増加しており大きな余剰となっている。本店は日銀のドル資金供給オペにより巨額の調達を行いこれをまかなっている。海外支店におけるネットで約６兆円の資金不足をドル資金供給オペに頼っていることになり、バックストップとしてのドル資金供給オペはきわめて有効に機能していたと評価できる。

　特に、今回のオペでは、当初より市中金利よりも大幅に低い金利で供給された。邦銀のドル資金調達ニーズの急増により３月に円投のスワップベーシスが急激に上昇したがオペが本格的に開始された３月17日以降、多額の資金

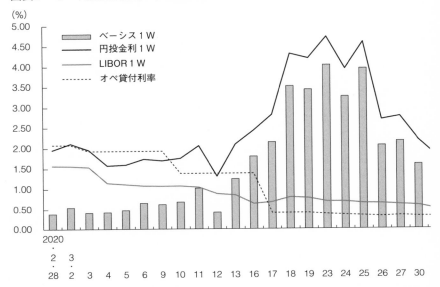

図表7－9　円投金利推移（1週間物）

（注）　ベーシスはクロージングのスポットと1週間物スワップの開きおよび国内円
　　　フも同様。

供給が行われたことで3月末には急速に低下した。需要の高い個々の銀行に
金額無制限でかつ低金利による資金供給オペを行った効果は、中央銀行によ
る一般的な資金供給や政策金利の引下げに比べて直接的で市場安定化に大き
く寄与したと考えられる。

　本店（ドル資金供給オペ）に依存した海外支店のドル資金調達は2020年6
月まで続いたが、7月以降は急速に自律的な調達に戻っている。

　図表7－9は新型コロナウイルス感染拡大時の1週間物の円投によるドル
調達金利とLIBORとのベーシスであるが、ドル資金供給オペはLIBOR金利
よりも低い固定金利制で上限なしの貸出であったことから、3月中旬にかけ
て急速に上昇し危機的な水準だった円投金利は、月末にはオペの貸付金利水
準に収れんした。

　図表7－10はリーマンショック時の円投金利の動きだが、今回の新型コロ

（年・月・日）

| 31 | 4・1 | 2 | 3 | 6 | 7 | 8 | 9 | 10 | 13 | 14 | 15 | 16 | 17 | 20 | 21 | 22 | 23 | 24 | 27 | 28 | 30 |

TIBORから算出したドル金利（グラフの円投金利1W）と1週間LIBORとの差。他のグラ

ナウイルス感染拡大時の対応と大きく違う点は、金額上限なしの固定金利制を導入した時期が2008年10月21日とリーマンが破綻した9月15日よりかなり時間が経ってからだったことと金利水準がLIBOR金利に比して高いことである。短期資金市場を安定化するバックストップとしては今回のほうが格段に効果的と考えられる。

　以上のように、中央銀行間（日銀とFED）スワップ取引とそれによるドル資金供給オペは新型コロナウイルス感染拡大時において市場の安定化に絶大な効果を発揮したと考えられる。ただ、スワップ取引は本章末の補論(2)「ドル資金供給オペの資金循環」で示すようにFEDの実質的な貸出であり一方的な資金依存の性格が強い。国内銀行の海外支店の貸出は80兆円を超える規模となっているが、全体としては海外支店は決済性資金の取込みが十分にはできておらずドルの流動性危機に対する対応をさらに進める必要があろう。

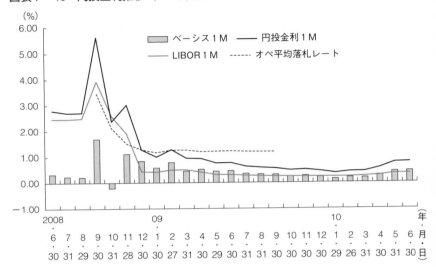

図表 7 −10　円投金利推移（１カ月物）

◆補論⑴　2020年度の貸出と債務証券

　2020年度の貸出と債務証券の資産サイド（貸し手サイド）、負債サイド（借り手サイド）のフロー金額明細は図表 7 −11、7 −12のとおりである。

　海外本支店勘定を除く企業・政府等向け貸出の増加率をみると、国内銀行も高いが中小企業金融機関等とその他金融仲介機関（ノンバンク）の増加が非常に高く、中小企業向けも含めて広範囲に貸出が増加したことがうかがえる。また公的金融機関の貸出増も際立っており中小企業向け貸出への公的保証とあわせ手厚い公的貸出支援が新型コロナウイルス感染拡大対策の特徴である。リーマンショック時の2008年度はノンバンクと公的金融機関貸出は減少した。

　債務証券のフローでも国債増加の45％と事業債増加の48％を中央銀行が占めており長期債務を日銀預け金に変換するかたちでの公的な関与の比重が高い。国内銀行による国庫短期証券の保有増も20年度の特徴である。

　その他、中央銀行の『日銀貸出』52.1兆円はコロナオペの急増、国内銀行の海外本支店勘定の14.4兆円減少はドル資金供給オペの返済である。

非金融法人企業の2020年度の資金調達のフロー明細をみると民間金融機関貸出の31.6兆円増に対し公的金融機関貸出は11.3兆円増と公的借入れおよび事業債7.9兆円増のウェイトも高い。金融機関の国債発行増は財政融資資金部門（公的金融機関に含まれる）によるもので－公的金融機関貸出の原資の一部になっている。

◆補論(2)　ドル資金供給オペの資金循環

　中央銀行間（日銀とFED）スワップ取引とそれによるドル資金供給オペの資金循環状況は図表7－13のように考えられる。

　図表中央の「中銀間スワップ」以下が中銀間スワップとそれを原資にしたドル資金供給オペの資金循環状況である。

　⓪の取引はA企業が国内銀行ニューヨーク支店で借り入れ、その資金を自身の決済口座であるX銀行の預金口座に送金したときの資金循環状況である。A企業が借り入れた資金をそのまま国内銀行ニューヨーク支店の預金に滞留させればニューヨーク支店の資金状況に変化は起きないが、この状況では国内銀行のニューヨーク支店はFED預け金が減少し、資金不足となるため短期資金市場でドル資金を調達する必要がある。

　短期資金市場が十分には機能していないとき、すなわちX銀行がFEDにドルを滞留させ短期資金市場に放出しないような状況では調達ニーズの高まりにより短期金利や円投スワップベーシスが上昇する。一方、A企業の決済口座があるX銀行には預金とFED預け金が増加することになる。日銀レビューにあるように民間の銀行全体では貸出が増加しそれに伴って銀行預金も増加しているが、国内銀行海外支店でドル資金が不足したように偏在も起きている。また、この時点ではFEDは資産を増加させておらず、したがって負債であるFED預け金も総量は不変である。

　中銀間スワップ取引は日銀とニューヨークFEDとの間で直物が日銀のドル買い円売り、7日後等の期先がドル売り円買いの為替直先スワップ取引を行うもので、図表7－13の①は直物の決済時の状況である。ドルと円の決済はそれぞれの中銀が相手に開いた預け金口座で行い日銀が買ったドルは

図表 7 - 11　2020年度フロー　貸出と債務証券（資産サイド）

	金融機関	中央銀行	預金取扱機関	国内銀行
貸出	84.6	52.1	5.3	− 6.5
―日銀貸出金	52.1	52.1		
―コール・手形	0.2		2.1	0.9
―民間金融機関貸出	34.4		24.8	13.4
― ―住宅貸付	5.1		4.6	3.4
― ―消費者信用	− 0.4		− 0.9	− 0.6
― ―企業・政府等向け	29.7		21.1	10.5
―公的金融機関貸出	28.7		− 0.3	
― ―うち住宅貸付	0.2			
―非金融部門貸出金				
―割賦債権	− 0.1			
―現先・債券貸借取引	− 30.7		− 21.3	− 20.8
債務証券	92.6	50.9	31.8	30.9
―国庫短期証券	53.2	24.0	29.9	28.3
―国債・財投債	32.2	22.3	− 1.2	1.1
―地方債	2.9		3.5	3.9
―政府関係機関債	− 0.4		− 0.8	0.1
―金融債	− 1.0		− 0.7	− 0.3
―事業債	6.1	4.3	1.7	− 0.1
―居住者発行外債	− 0.2		− 0.8	− 0.3
―ＣＰ	− 2.2	0.3	− 1.3	− 1.7
―信託受益権	1.2		1.0	0.3
―債権流動化関連商品	0.7		0.4	− 0.3
除く海外本支勘定				
― ―企業・政府等向け	44.1		35.5	25.0
増加率	7.0%		6.5%	6.4%
2020年3月末ストック	632.3		549.1	387.9

（注）　日銀統計「国内銀行の資産・負債等（銀行勘定）」の貸出金残高とマトリックスの
　　　　んでいるため一致しない。
　　　　この海外本支店勘定の推定値を除いた「― ―企業・政府等向け」の2020年度フロー
　　　の増加率を下欄外に示した。
　　　　海外本支店勘定の推定金額は2020年3月末ストックが59．1兆円、2020年度フロー

中小企業 金融機関等	保険・年金 基金	その他金融 仲介機関	国内非金融 部門	海外	合計
10.5	−1.8	28.0	0.8	1.8	87.2
					52.1
0.8	−0.6	0.0	−1.3		−1.1
9.8	0.8	6.5			34.4
0.5	0.0	0.5			5.1
−0.2	−0.1	0.6			−0.4
9.5	1.0	5.4			29.7
−0.3	−0.7	29.8			28.7
		0.2			0.2
			2.1	12.8	15.0
		−0.1	0.0	0.0	−0.1
0.2	−1.3	−8.2	0.0	−11.1	−41.8
0.6	5.5	3.0	5.7	22.2	120.5
1.5	0.0	−0.3	0.0	22.0	75.2
−1.4	6.3	2.9	0.6	−4.5	28.3
−0.3	−1.2	0.0	−1.9	0.2	1.1
−0.8	−0.1	0.0	1.7	−0.3	1.1
−0.3	−0.1	0.0	0.0		−1.0
1.4	0.2	0.0	2.7	0.2	9.0
−0.1	0.1		0.0	4.6	4.5
0.5	0.3	0.1	0.6		−1.5
0.0	0.0	0.0	1.3		2.5
0.2	0.0	0.3	0.6	0.0	1.4
9.5	1.0	5.4			44.1
11.3%	3.7%	21.8%			7.0%
83.6	26.7	24.7			632.3

国内銀行「―民間金融機関貸出」は対応するが残高はマトリックスは海外本支店勘定を含

金額と2020年3月末ストック金額、および2020年3月末ストック金額に対するフロー金額

が−14.4兆円。

図表 7 −12　2020年度フロー 貸出と債務証券（負債サイド）

（単位：兆円）

	国内非金融部門ストック	非金融法人企業	一般政府	家計	海外	金融機関	合計
貸出	56.1	48.1	−2.2	9.0	−18.6	49.7	87.2
—日銀貸出金						52.1	52.1
—コール・手形						−1.1	−1.1
—民間金融機関貸出	41.6	31.6	2.5	6.9	−17.3	10.1	34.4
——住宅貸付	5.1			5.1			5.1
——消費者信用	−0.4			−0.4			−0.4
——企業・政府等向け	36.9	31.6	2.5	2.1	−17.3	10.1	29.7
—公的金融機関貸出	10.4	11.3	−3.5	1.8	0.8	17.5	28.7
——うち住宅貸付	0.2			0.2			0.2
—非金融部門貸出金	8.0	9.0	−1.1	0.2	2.7	4.2	15.0
—割賦債権	0.0	−0.1		0.1	0.0	0.0	−0.1
—現先・債券貸借取引	−3.8	−3.8	−0.1		−4.8	−33.1	−41.8
債務証券	84.3	7.2	77.1			36.1	120.5
—国庫短期証券	64.8		64.8			10.4	75.2
—国債・財投債	11.1		11.1			17.2	28.3
—地方債	1.1		1.1				1.1
—政府関係機関債	−0.1	−0.1	0.0			1.1	1.1
—金融債						−1.0	−1.0
—事業債	7.9	7.9				1.1	9.0
—居住者発行外債	1.5	1.4	0.1			3.0	4.5
—ＣＰ	−1.9	−1.9				0.4	−1.5
—信託受益権						2.5	2.5
—債権流動化関連商品						1.4	1.4

2020年３月末ストックと増加率

貸出	991.6	486.7	154.3	335.8	184.9	656.7	1,833.2
増加率	5.7%	9.9%	−1.5%	2.7%	−10.1%	7.6%	4.8%
債務証券	1,191.3	84.4	1,107.0			295.3	1,486.6
増加率	7.1%	8.6%	7.0%			12.2%	8.1%

（注）　下欄外は2020年３月末ストック金額とそれに対する2020年度フロー金額の増加率を示した。

ニューヨークFEDの預け金に入金され、売った円は日銀に開いたニューヨークFEDの預け金に入金される。両中銀は資産負債に両建てで預け金が計上される。

　日銀はドル供給オペを行い国内銀行本店が応札し日銀からドルを借り入れる（②の取引）。この借入れの決済はFEDに開いた国内銀行ニューヨーク支店の預け金口座を通じて行われる。同時に国内銀行の本店からニューヨーク支店にドルの貸出③（海外本支店貸取引）が行われこの決済によりニューヨークFEDの国内銀行ニューヨーク支店の預け金のうち、該当する金額が本店のための資金からニューヨーク支店の資金に内部的に振り替える。

　ニューヨークFEDのバランスシートは、中銀間スワップの直物決済により円建ての預け金が資産計上されそれの対価として日銀からのドル建て預け金が負債に計上される。その負債の預け金は日銀のドル資金供給オペの結果として預け金内で日銀の口座から国内銀行ニューヨーク支店の口座に振り替わり、国内銀行ニューヨーク支店のドル資金不足は解消される。

　ニューヨークFEDが保有している円資金は米銀が調達するニーズはなくそのまま日銀内の口座に滞留する。為替スワップ取引契約であるがキャッシュフローはドル資金の貸出と同じであり実質的にはFEDから日銀へのドル貸出といえる。ニューヨークFEDから日銀を経由して国内銀行ニューヨーク支店にドル貸出が行われたことになる。

　図表7－13(注6)のドル資金供給用担保国債供給オペはリーマンショック時にはなく新型コロナウイルス感染拡大時に初めて実際に使用された。既述のとおり民間銀行が保有していた国債の大部分が日銀保有となり日銀預け金に資産変換されている。国債から日銀預け金への資産変換が行われた結果、民間銀行保有の担保用の国債は余裕が少ない状態が続いている。ドル資金供給オペ（ドル建て貸出）には担保が必要でかつ巨額なニーズのため担保用に国債の売現先オペを行ったものである。

　図表7－13のとおり、日銀預け金をターム物（期間のある貸借取引）の現先取引に変換しその担保として民間銀行に譲渡された国債を日銀が担保として徴求している。現状の日銀預け金は国債の変換資産の性質が強く滞留する

図表7－13　中央銀行間スワップ取引をめぐる資金循環状況

日本国内

中銀間スワップ

①中央銀行（日銀）

▲FED預け金	▲預け金(円)

②国内銀行

▲FED預け金	▲日銀貸出金

②中央銀行（日銀）

▼FED預け金 ▲日銀貸出金	

③国内銀行

▼FED預け金 ▲海外本支	

【参考】　海外

▲預け金(円)	▲海外本支

（注1）　各部門（主体）の左側が資産項目、右側が負債項目を表し▲が増加、▼が減少を
（注2）　日本国内の項目名のうちマトリックス上の項目名から変更したものは以下のとお
　　　　　預け金（円）＝その他対外債権債務、FED預け金＝外貨預金、海外本支＝民間金
（注3）　預け金（円）以外はすべてドル建て。
（注4）　国内銀行のドル決済口座は自行ニューヨーク支店がFEDニューヨークに保有し
（注5）　国内銀行ニューヨーク支店の⑩番の貸出に伴う一連の資金循環は、2020年3月の
　　　　　もの。
（注6）　同時に行われたドル資金供給用担保国債供給オペの取引は下図のとおり。

②国内銀行		②中央銀行（日銀）	
▼日銀預け金 ▲現先取引		▼日銀預け金 ▲現先取引	

　　　国内銀行が買現先、日銀が売現先であり、マトリックス上の項目名は現先・債券

金額が大きいことから、民間どうしの契約であれば預け金の一定額を直接に
担保にするか、定期預金や借入れなどの期間のある負債にして担保設定す
る、などで対応するものと考えられる。

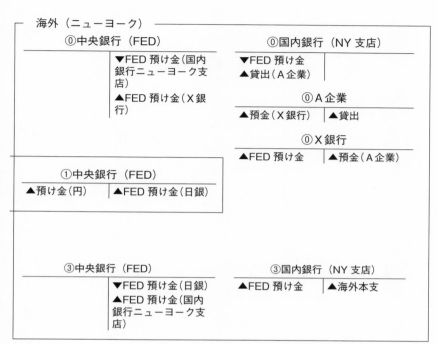

表す。

り。

融機関貸出（企業・政府等向け）

ている口座（上表のFED預け金）とした。

典型的な状況を日銀統計「国内銀行の資産・負債等（銀行勘定）」の海外店から推測した

貸借取引である。

第 8 章

マネタリーベースゼロの世界と
マネタリーベースだけの世界

●新たな決済手段と暗号資産の登場

　現在、従来にはなかったさまざまな決済手段・方法が実用化され、また実用化に向けて概念の整理や実証実験が試みられている。

　一例をあげると、ビットコインのように誰の負債にも計上されておらず、したがって誰も経済的価値の維持に責任をもたず、裏付けとなる資産もない暗号資産（仮想通貨）が登場している。当初、その取扱いに否定的であった大手の金融機関のなかにもビジネスの対象とし始めているところがある。

　自社の負債として決済手段を計上し、その負債内で決済するタイプは広範囲に受け入れられ実用化している。日本ではLINE PayやPayPay、楽天ペイなどが該当し（以下「○○ペイ」）、自社の預り金（負債）の口座間の決済で中央銀行の決済システムを通ることなく広範囲な顧客間で送金（決済）を行うことができる。○○ペイは資金決済法により口座当り・1送金当りの金額上限が100万円とされており、また与信機能はないため決済システム全体が○○ペイに置き換わるようなことはないが、仮に銀行が同様のネットワークをつくった場合、理論的には決済システム全体をそのネットワークが代替することは可能と考えられる。

　また、現状、○○ペイは日本円を通貨として使用しているが大手銀行では日本円と等価とするステーブルコインの実証実験が行われている。あくまでも仮定の話ではあるが、自社の負債として発行するステーブルコイン建て（以下「JPZ建て」）の決済システムは、より明示的に既存のシステムから独立してデザインすることが可能である。

　一方、各国中央銀行も一般に利用される中央銀行デジタル通貨（以下「CBDC」）の概念整理・実証実験を進めている。本章で検討するマネタリーベースしかない世界において経済主体が保有・利用するCBDCの機能は、デザインにもよるが非常に強力になる可能性が高く決済システムのみならず広範囲に影響を及ぼすであろう。

　本章では負債として計上される決済手段を対象に、マトリックスとその原理を活用し、マネタリーベースがない世界、すなわち決済手段は民間銀行の

みの世界と、逆にマネタリーベースのみ、すなわち決済手段は中央銀行が供給する決済手段しかない世界をシミュレートし、その特徴、優劣を比較分析してみる。議論をわかりやすくするために現金の廃止など極端な仮定を置いているが、マトリックスの実際の数値を使用しての検討は、現実化している、あるいは目前に迫っている決済システムの大きな変化を考えるうえで有効だと思われる。

●マネタリーベースがない世界とは

日銀が供給している円建て決済手段としては、①現金（日銀券）、②日銀預け金（日銀当座預金）、③政府預金、④海外中央銀行等からの預金がある。マトリックス上の項目では、①は貨幣と合算して「現金」、②は「日銀預け金」、③は「政府預金」、④は負債の「その他対外債権債務」に計上されている。

マネタリーベースは、「日銀券発行高」＋「貨幣流通高」＋「日銀当座預金」と定義されるのでマトリックス上は中央銀行の負債の現金と日銀預け金の合計であるが、ここでは日銀が供給している①〜④の円建ての決済手段を廃止し民間銀行が代替するケースを検討する。

(1) 現金の代替・廃止

現金にかえてクレジットカードやデビットカード、電子マネー、プリペイドカードなど、あるいはこれらの各種カード支払機能や即時送金機能などを内蔵したスマートフォンを決済手段として利用すれば現金を廃止することは理論的には可能であろう。

金額ベースでみた場合、現金保有の大宗は貯蔵目的であり、匿名性が高い現金が廃止されることには現実的には抵抗が大きいと思われるが、ここでは即時に廃止されると仮定する。

マトリックス上は電子マネーやプリペイドカードは預け金に分類され、部門は貸金業者やカード会社が発行した場合はノンバンクに、JR等が発行した場合は民間非金融法人企業に分類される。クレジットカードやデビットカードは一般的には銀行口座で決済される。また貯蔵目的の現金も銀行預金

に代替されるため、現金が廃止される過程では大宗が銀行預金に変換され、一部が預け金に変換されると考えられる。

　現金から銀行預金あるいは預け金に変換される際、日銀が保有資産残高の変更を行わないとすると、現金の廃止によって中央銀行の負債項目の現金残高が日銀預け金残高に振り替わる（現金が預け金に変換される場合もATMなど銀行を通じての入金となるため中央銀行の変化する項目は変わらない）。家計や法人企業が保有する現金は銀行預金に変換され、銀行部門は資産項目として日銀預け金が、負債項目として（流動性）預金が増加する（ここでは、現金はすべて銀行預金に変換されると仮定する）。

(2)　政府預金の廃止

　日銀は政府預金の保有について、「日本銀行は、政府預金として預かっている国庫金（国の資金）の出納・計理、政府預金の管理および政府有価証券の受払・保管などの事務（国庫金に関する業務）、国債の発行、振替決済および元利金支払いに関する事務（国債に関する業務）、政府を相手方とした国債の売買などの取引（対政府取引に関する業務）を行っています」と説明している。

　都道府県などの地方公共団体は、この機能を指定金融機関（銀行）等に委託しており、その決済口座として指定金融機関に預金口座を開設している。

　国庫金の決済業務を銀行預金で行うことは機能的、技術的には現状の指定金融機関の役割と同様であり、ここでは即時に民間銀行に変更されると仮定する。

　マトリックス上は、政府預金から銀行預金に変換される際、日銀が保有資産残高の変更を行わないとすると、政府預金の廃止によって中央銀行の負債項目の政府預金残高が日銀預け金残高に振り替わるだけである。中央政府が保有する政府預金は銀行預金に変換され、銀行部門は資産項目として日銀預け金が、負債項目として（流動性）預金が増加する。

(3)　海外中央銀行等からの預金

　日銀は、国際業務については「日本銀行は、外国為替の売買、外国中央銀行や国際機関等による円貨資産の調達・運用への協力などの国際金融業務を

行っています」と説明している。この「外国中央銀行や国際機関等による円貨資産の調達・運用」のための決済・運用口座として円預金口座を開設している。

　円決済のための口座機能は外銀を含む民間銀行の円預金口座で代替が可能であり、ここでは即時に民間銀行に変更されると仮定する。

　マトリックス上は、中央銀行の負債項目のその他対外債権債務に計上されている外国中央銀行等の預金残高が日銀預け金残高に振り替わるだけである。海外部門（外国中央銀行等）が保有するその他対外債権債務は銀行預金に変換され、銀行部門は資産項目として日銀預け金が、負債項目として（流動性）預金が増加する。

●マネタリーベースゼロのシミュレーション結果

　上記の①③④を廃止し、さらに円建てオペレーションを償還した後の日銀預け金を中央銀行の資産売却により消去した状態を2021年3月末のマトリックス（2021年9月公表の2020年度確報。以下同様）を用いてシミュレートした結果は図表8－1のとおりである（移動した項目について2021年3月末ストックの移動前と移動金額、移動後金額を表示）。

　移動の方法は以下のとおりである。

①　預金取扱機関以外の部門が保有する現金はすべて預金取扱機関に持ち込まれ流動性預金に転換し、預金取扱機関がもともと保有している現金とあわせて日銀預け金に移動するとした（預金取扱機関の現金（資産）→日銀預け金、中央銀行の現金（負債）→日銀預け金）。

②　円建ての日銀貸出金と中央銀行の現先・債券貸借取引は償還し日銀預け金で決済するとした。

③　海外中央銀行からの預金は日銀の貸借対照表の付属預金明細（日銀サイト中の会計・決算）に残高があるが、その他対外債権債務とほぼ同一のため当項目を移動対象とした。移動方法は日銀預け金を経由して預金取扱機関の預金に移動するとした（中央銀行負債のその他対外債権債務→日銀預け金、預金取扱機関資産の日銀預け金と負債の流動性預金）。

図表8-1　マネタリーベースがない状況　　　　　　　　　　　　　　（単位：兆円）

部門　　　　項目	移動前 資産	移動前 負債	移動 資産	移動 負債	移動後 資産	移動後 負債
中央銀行						
―現金		121.0		-121.0		
―日銀預け金		522.6		-522.6		
―政府預金		36.9		-36.9		
―日銀貸出金	128.3		-125.8		2.4	
―現先・債券貸借取引		0.6		-0.6		
―国庫短期証券	36.4		-36.4			
―国債・財投債	505.2		-483.2		22.1	
―事業債	7.5		-7.5			
―ＣＰ	2.9		-2.9			
―投資信託受益証券	52.2		-52.2			
その他対外債権債務	4.4	26.8		-26.8	4.4	
合計	749.5	749.5	-707.9	-707.9	41.6	41.6
預金取扱機関						
―現金	10.8		-10.8			
―日銀預け金	487.6		-487.6			
―流動性預金	21.1	899.3		174.0	21.1	1,073.3
―日銀貸出金		124.4		-122.0		2.4
―現先・債券貸借取引	20.8	63.8	-0.6		20.2	63.8
―国庫短期証券	45.7		36.4		82.1	
―国債・財投債	128.6		452.1		580.6	
―事業債	39.7	3.0	7.5		47.2	3.0
―ＣＰ	5.7	0.6	2.9		8.6	0.6
―投資信託受益証券	83.9		52.2		136.1	
合計	2,229.6	2,229.6	52.0	52.0	2,281.6	2,281.6
その他金融機関						
―現金	0.4		-0.4			
―日銀預け金	35.0		-35.0			

―流動性預金	26.8		0.4		27.2	
―日銀貸出金		3.8		-3.8		
―国債・財投債	274.8	115.2	31.1		306.0	115.2
合計	1,759.7	1,759.7	-3.8	-3.8	1,755.9	1,755.9
家計と対家計民間非営利団体						
―現金	102.5		-102.5			
―流動性預金	574.5		102.5		677.0	
非金融法人企業						
―現金	7.3		-7.3			
―流動性預金	232.9		7.3		240.2	
一般政府						
―現金	0.0		0.0			
―政府預金	36.9		-36.9			
―流動性預金	41.5		36.9		78.4	
海外						
―流動性預金	2.6		26.8		29.4	
その他対外債権債務	50.0	62.4	-26.8		23.2	62.4

④ 政府預金も同様に日銀預け金を経由して預金取扱機関の流動性預金に移動するとした。

⑤ 以上により集中された日銀預け金を消去するために日銀預け金を資産としてもつ預金取扱機関とその他金融機関に中央銀行がもつ資産を売却して日銀預け金を清算するものとした。売却する資産は国債が中心の債務証券および投資信託受益証券とした。投資信託受益証券は国内株式のETFであるがここでは機械的に預金取扱機関への一括売却とした。

　以上の移動により中央銀行は大幅な資産負債圧縮となり、マネタリーベースはゼロとなる。中央銀行の金融負債はほぼなくなり、資産は日銀預け金消去の残りである国債・財投債と外貨建て中心の資産となっている。移動表に表示されていない主な資産は外貨預金の3.2兆円と対外証券投資2.0兆円、そ

の他対外債権債務4.4兆円で負債サイドは金融資産・負債差額41.5兆円である。日銀の2021年3月末貸借対照表上の純資産は約4.5兆円であり、マトリックス上の差額（金融資産超過額）41.5兆円との差額は主に引当金6.9兆円と金融資産の時価評価との差額による（マトリックスは時価評価に対して経理上は償却減価が中心）。

●日銀預け金残高ゼロを維持する方法
（クリアリングハウスモデル）

　日銀が供給している決済手段が日銀預け金のみとなった場合、日銀が供給している決済手段間の移動がないため、日銀が自ら取引を行いその残高を変更しない限り、日銀預け金全体の残高は変わらない。

　この場合、日銀預け金を保有している各金融機関の毎日の決済金額尻は必ず過不足が一致する。すなわち、1日の決済が終了した時点で決済尻（保有金融機関の当日の入出金差額）は、プラスの保有者のプラス金額合計とマイナスの保有者のマイナス金額合計が一致し、日銀預け金総額は不変となる。

　日銀預け金による決済機能をクリアリングハウスとして想定すると以下のようなモデルが考えられる。

① 　日銀預け金総額はゼロからスタートする（シミュレーションの日銀預け金残高消去後の状態）。

② 　参加金融機関はあらかじめ適格担保を日銀（クリアリングハウス）に差し入れ、担保の範囲内で日銀から借入れができる。

③ 　決済終了時に資金が不足した金融機関は自動的に日銀から一定の金利で翌日物を借り入れる。

④ 　決済終了時に資金に余剰が生じた金融機関は自動的に日銀に一定の金利で翌日物を預ける（貸し付ける）。

⑤ 　政策金利は③の借入金利と④の預入金利（③＞④）で決定され、金融機関間の金融市場での翌日物の金利は③と④の金利に挟まれた水準となる（コリドー方式）。

⑥ 　1日の決済終了時点では資金余剰の金融機関の余剰金額合計と資金不足

の金融機関の不足金額合計は同額となるため、日銀のバランスシートは翌日物貸出と翌日物預け金（借入金）が同額で計上され、日銀預け金はゼロとなる。

⑦　参加金融機関は当日の資金決済尻を予測し、不足する場合は金融市場で③の金利以下で調達しようとし、余剰が予測される金融機関は④の金利以上で運用しようとする。したがって金融市場が機能している状態では翌日物市場金利は③を上限とし④を下限とする金利に収れんする。

⑧　各参加金融機関の毎日の資金決済尻の予測の精度が高ければ⑦のプロセスにより⑥の日銀のバランスシートは小さくなり、予測がぶれると大きくなるが恒常的な残高は限定された大きさで推移するものと予想される。

⑨　金融市場が不安定になり、市場からの資金調達が困難となる金融機関が現れると、日銀からの③の借入れに頼ることから日銀のバランスシートは大きくなる。ただし、この場合でも資金の余剰額と不足額は一致し、日銀の翌日物預け金と貸付金は同額となり日銀預け金はゼロとなる。

以上のようなモデルでは、マネタリーベース（日銀預け金残高）は自動的にゼロとなるが金融機関間の円決済は支障なく行うことができると考えられる。また、③の翌日物借入金利と④の翌日物預入金利の差を小さくすることによってインターバンク市場における翌日物市場金利の水準を安定的に誘導することが可能であろう。すなわち、マネタリーベースがゼロであっても円決済と翌日物金利の誘導は支障なく行うことができると思われる。

また、もともと銀行が創出する決済手段である預金の総額は、マネタリーベースの水準とは無関係であるため、このモデル下でも現行と同様の金融機能を発揮できると考えられる。むしろ、預金とマネタリーベースである現金との交換や日銀預け金総額に影響を与える政府預金がなくなるため、金融機関の資金過不足の要因はより単純化される。

中央銀行がもつ最後の貸し手の機能は、このモデルの資金決済が日銀預け金口座で行われ、上記③④の資金貸借の供給者が中央銀行であるため、②の適格担保の条件の緩急や無担保での貸出を通じて発揮することになる。金融市場が不安定になり、金融機関が金融市場で資金調達が困難となった場合、

③の日銀からの貸出金額は増大するがその際も④の金額、すなわち資金を金融市場に出さずに余剰のままとする金融機関に残る金額は同額で増加していく。

　また、日銀は無制限に資産を増加させることが可能であるので、このモデルでも当該資産見合いで④の翌日物預け金金額が増加する。また、翌日物預け金の金利を残高や日銀預け金保有金融機関によって多層化することも可能で現状の三層構造による日銀の国債保有も実現できる。

　現行の日銀預け金の条件は期間の定めがない預け金であり、このモデルの翌日物預け金は当日のクロージング時点から翌日のオープニング時点までの期間（翌日物）をもった資金貸借となるが本質的な差はない。このモデル上も期間の定めがない預け金とすることは可能であるが、その場合は定義上マネタリーベースが残ることになる。全体で巨額の余剰が発生している場合には金融機関が恒常的に資金余剰になるためコリドー方式による金利設定は意味がなくなり日銀に預け入れるサイドの金利のみが実質的な意味をもつことになる。

　このモデルで中央銀行のバランスシートを極小化しようとすれば、現金や政府預金等による受動的な負債ニーズがないためマトリックスのシミュレーションの移動後で示した日銀預け金ゼロの状態にすることは可能であり、そのとき中央銀行の資産保有による市場への影響はなくなり、市場への影響はコリドーで決定される翌日物金利水準のみを通じて波及するだけとなる。中央銀行の役割は金利の起点となる翌日物金利水準の決定と最後の貸し手機能、および市場の混乱時における資産買入による市場流動性供給と資産価格安定化、ドル資金供給オペのような金融機関への直接貸出および日銀預け金（流動性）供給機能だけとなり、通常時の市場機能は民間に任せるという分担が明確になると考えられる。

　一方、前述のとおり銀行を代表とする金融機関の決済を中央銀行の決済口座（日銀預け金口座）で行っている限り中央銀行は無制限に資産を増加させることができる。

　巨額の公的債務がありその金利水準を大幅に引き上げることが困難な場合

は、中央銀行の国債購入・保有による資産増加圧力は大きく、結果的にはこのモデルでも中央銀行のバランスシートは大きくなると思われる。

●日銀預け金の廃止

クリアリングハウスモデルでは決済口座は日銀預け金としていたが、決済口座は中央銀行の口座である必要はなく、クリアリングハウス内の預り金や銀行口座で行うことも可能である。

クリアリングハウス内の預り金口座で決済した場合でも決済終了時点の③の不足金額と④の余剰金額は同額であるためクリアリングハウス内で資金の過不足は発生せず、クリアリングハウスが外部と資金調達や資金運用を行う必要はない。

また、クリアリングハウスが③の決済の結果として貸出以外の資産を保有し、その決済を預り金口座で行った場合も中央銀行と同様に無制限に資産を増加させることができ、中央銀行とまったく同じになるが、ここでは銀行間決済に特化し③の貸出以外は資産保有しないと仮定する。

このようなモデルを実現すれば日銀預け金を完全に廃止することが可能で政策的なコリドーの翌日物金利以外はすべて市場における決定に委ねられることになる。

中央銀行の最後の貸し手機能、すなわちクリアリングハウスに提供された担保以上の③の貸出のリスクについてはリスク分担の問題であり、中央銀行あるいは公的機関の保証で代替できると考えられる。もっとも、上記のモデルはマトリックスのシミュレーションの移動後で示した日銀預け金ゼロの状態から決済の結果としての③の貸出以上の資産保有を日銀預け金対価では行わないという制限をつけている状態、すなわち最小の中央銀行を維持するのと同じであり、このほうが現状との親和性は高いと思われる。

●クリアリングハウスモデルの一般型

現状の中央銀行のように無制限の資産拡大能力をもつクリアリングハウスの一般型を考えるとその要件は次のようになる。

(a) 通貨として特定され、決済や保管（貯蓄）に使用されている。

(b) (a)の決済手段を負債として供給する銀行（機関）が1ないし複数存在する。

(c) (b)の決済手段を負債として供給する銀行（機関）が複数存在する場合にはその銀行間（機関間）の決済を行うクリアリングハウスが存在し、全部もしくは大部分の銀行間（機関間）の決済がそこに集中している。

(d) (c)の決済はクリアリングハウスが負債として供給する決済手段で行われる。

　決済手段を負債として供給する銀行（機関）は、銀行（機関）全体では無制限の資産拡大能力をもつが他行（他機関）に送金されるリスクがある。決済が1行（1機関）に集中していればその1行（1機関）は他に流出することなく無制限の資産拡大能力をもつ。またこの集中は銀行間（機関間）決済の集中でも同様の効果となる（マトリックスの【原理2】参照）。現行の中央銀行による決済の集中は銀行間（機関間）決済の集中の方式である。

　クリアリングハウス内の預り金口座ではなく、ある銀行（X銀行）の銀行預金口座で銀行間の決済を行った場合、すなわち他行や他の金融機関がX銀行に決済用の当座預金口座をもち（資産として保有し）その口座で決済を行った場合でも同様な結果となり、X銀行は無制限に資産を増加させることができる。X銀行の預金者AがY行に送金した場合、現行ではX銀行は日銀預け金が減少するため資金不足となるが、X銀行にY行の決済口座が開かれている場合にはX銀行のAの預金の減少とY行の決済口座預金の増加が並行して起こるためX銀行から資金が流出することはないためである。

　〇〇ペイと比較すると、〇〇ペイの預り金口座をもつ顧客A、B間の送金（決済）は預り金内の付替え（振替え）のみの内部処理で終わり外部の決済システムを動かすことはない。これは上記のX銀行内における預金者間の送金と同様である。〇〇ペイは外部の決済、たとえば顧客Aの預り金をY銀行のA口座に送金するような場合は、Y銀行に開いた〇〇ペイの預金口座でY銀行内で決済できるだけ外部の決済を最少化している。Y銀行が〇〇ペイに預り金口座をつくりその口座で決済すれば上記X銀行と同様の状況になるが

資金決済法による100万円上限があるため、現状ではむずかしい。ただし、銀行の場合には金額上限はなくまた参加銀行に対する与信機能があるためクリアリングハウスをX銀行内につくることは現行法下でも理論的には可能だと考えられる。

(a)の通貨は広く使用されていれば仮想通貨でも同様のことがいえ、X銀行が仮想通貨JPZを創出し(a)〜(d)を満たすように自行の負債勘定で決済するスキームをつくればX銀行はJPZ建てでは無制限の資産増加能力をもつ（もちろんJPZを受け入れて決済や貯蓄に使用する経済主体が広く存在することが要件である）。

JPZと他の通貨の交換を市場レートに任せ（変動相場制に任せ）大幅な下落を気にしない限り、JPZ建ての負債を増加させる（すなわちJPZ建ての金融資産を増加させる）ことに制約はないと考えられるが、交換レートを一定のレンジに収めようとする場合には外貨準備等のバックアップが必要になる。

たとえば、JPZを日本円に等価で固定するにはJPZを対円で買い支えられるだけの日本円の準備もしくは日本円の資金調達力が必要となる。そのための方法としてはJPZ建て預金に対して100％の準備預金を課し発行銀行にJPZ建て預金残高を集中し、円建て金融資産を同額保有するなどが考えられる。また、JPZ建ての貸出を行うあるいは参加行に認める場合には、借入人はJPZを借りて売ることができる（JPZショートができる）ようになるため、JPZの為替レートを日本円に固定するには貸出の総量をコントロールするなどの方法が必要になると考えられる。同様にJPZ対日本円の先物為替取引を行う場合には、発行銀行に取引を集中して総量をコントロールできるような仕組みが必要である。

JPZ建て貸出を行わないモデルと行うモデルは図表8−2、8−3のとおりである。

図表8−2の脚注のようなスキームで発行銀行Xが100％の円建て外貨準備を維持することができる。また、X行はJPZ対価に資産を増加することも可能で、たとえばA行の顧客から先方が応諾すればドル建て輸出手形をJPZ対価で購入可能であり、その場合にはA行のJPZ建て預け金とA行のJPZ建

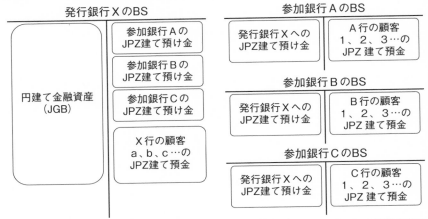

図表 8 - 2　仮想通貨JPZ決済構造 モデル1：貸出のない場合

（注1）　JPZの発行銀行Ｘは自行の預り金口座で参加銀行（Ａ、Ｂ、Ｃ…）の決済を行う
　　　　とした。
（注2）　JPZは円と等価としJPZ建ての預金は円で購入して設定するものとする。
（注3）　参加行はJPZ建て預金に対して100％準備預金をＸ行に積むものとする（100％準
　　　　備）。
（注4）　参加銀行に顧客がJPZ建て預金を円対価でつくると100％準備のために参加銀行
　　　　は円対価でＸ行からJPZを購入しＸ行に預け入れることになる。
（注5）　上図はＸ行が預金受入れに伴う円建て資産以外の資産をJPZ対価でもたない状態
　　　　を示している。

て顧客（輸出手形売却人）預金が増加する。増加したJPZ建て預金に対するＸ
銀行の見合い資産はドル建てでこの部分の円建て外貨準備がないことにな
る。また、参加行の100％準備預金の制約を外すと、参加行もJPZ対価で任
意に資産増加を行うことができる。

　次にJPZ建て貸出を行うモデルは図表8 - 3のとおりである。

　JPZ建ての貸出を容認するとJPZ建て預金を無制限に供給でき円への固定
交換レートを維持するためには発行銀行によるJPZ建て貸出総額のコント
ロール方法、円建て外貨準備の水準や円売りJPZ買いのための円建て借入能
力の水準が問題となることは前述のとおりである。

　ここでは仮想通貨のケースを例示したが、現存する通貨の決済スキームを
中央銀行の現存スキーム外に創出することも技術的には同様に可能と考えら

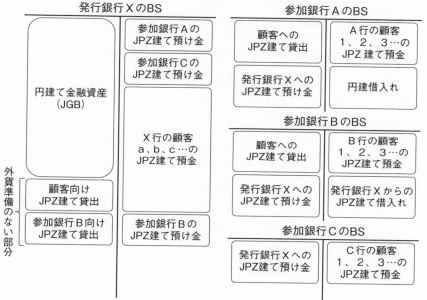

図表8−3　仮想通貨JPZ決済構造 モデル2：貸出をする場合

（注1）　A行は顧客にJPZ建て貸出を行いJPZ建て預金に入金したものとし、JPZ建て預金に対する100％準備預金は円売りJPZ買い売買取引をX行と行いX行にJPZ建て預け金を積んだとした。
（注2）　B行は顧客にJPZ建て貸出を行いJPZ建て預金に入金したものとし、JPZ建て預金に対する100％準備預金はX行からJPZ建て借入れを行ってX行にJPZ建て預け金を積んだとした。
（注3）　C行はモデル1と同様に円対価で顧客にJPZ建て預金を供給しX行とカバー取引を行ったものとした。
（注4）　X行は自行の顧客の一部に対してJPZ建て貸出を行ってJPZ建て預金を供給したものとした。
（注5）　上図のとおりJPZ建て貸出で供給されたJPZ建て預金のうちX行の円買いJPZ売りでカバーされていないB行とX行のJPZ建て貸出の部分が円建ての外貨準備がないJPZ建て預金となる。

れ、その場合には新規のスキームがどの程度使用されるかが成立の決め手になるだろう。例示した円と等価に固定されたJPZなども実質的には既存の決済スキーム外の円の決済スキームとみなせる。

●マネタリーベースしかない世界
（決済手段の供給は中央銀行のみが行う世界）

　2021年3月末のマトリックスでみると決済手段である現金・預金のストックは図表8−4のようになる。現金と日銀預け金、および政府預金を日銀が供給し、その他の預金（銀行預金）を民間中心の銀行が供給している。

　一般の個人や法人企業、地公体などの経済主体が保有できる決済手段は現金と銀行預金である。流動性預金には当座預金、普通預金、貯蓄預金のほか、通知預金や別段預金など通常では決済に使用しない預金種目も含まれる。一方、個人向け定期預金には貸越機能がついているものが多く、さらに極端な低金利が長く続いたことから預金者にとって普通預金と定期預金の区分はあいまいなものになっているとも考えられるが、ここでは流動性預金だけを決済手段とした。また、外貨預金には決済機能をもつ口座も多いが外貨の決済機能は日銀の直接の管轄外であるためここでは日本円のみを対象とした。

　中央銀行に決済手段を集中させる方法にはいくつかあると考えられるが、ここでは以下のような方法で民間銀行が供給している決済手段（流動性預金）を廃止し中央銀行が供給している決済手段に集中することを想定し、マ

図表8−4　現預金のストック（2021年3月末）　（単位：兆円）

現金	121
日銀預け金	523
政府預金	37
流動性預金	899
定期性預金	666
譲渡性預金	36
外貨預金	57
現金・預金 合計	2,339

トリックスでシミュレーションしたい。

① 現金は廃止する。現金は中央銀行が供給する決済手段でありその意味では廃止する必要はないが、匿名性がなく完結された決済データを中央銀行が保有するためにここでは現金は廃止するとした。

② 日銀預け金口座（日銀当座預金勘定）を法人企業や個人などすべての経済主体に開放し、各経済主体は必ず日銀預け金口座をもつ。現金のない世界ではこの口座をもたないことは貨幣経済の外に出ることを意味する。

③ 円建ての決済はすべて日銀預け金口座間の振替えによって行うとした。

④ 各経済主体が行う③の振替えは電子決済等代行業者（銀行を含む。以下同じ）を通じて行い、直接には中央銀行にはアクセスしない。また、銀行を含む電子決済等代行業者は決済用の預金や預り金口座はもてず円建て決済はすべて③に集中するとした。

⑤ 中央銀行は③の振替機能とその振替データおよびそれに付随する決済用メッセージ（以下「EDI」）を保有するとした。

⑥ 一般の経済主体への決済関連の金融サービスは、電子決済等代行業者が中央銀行の決済およびEDIのデータベースにアクセスし顧客に決済情報を提供する（たとえば個別送金や月次の公共料金引落し、カード決済、給与振込みや総合振込み、取引履歴の照会など）。したがって一般の経済主体にとっては現状の銀行で決済サービスを受けるのとまったく同様に電子決済等代行業者にアクセスし現状と同様なサービスを受け、中央銀行と直接やりとりをするようなことはない。電子決済等代行業者は顧客からの委託を受けて顧客の日銀預け金の振替データを作成し中央銀行システムにアクセスし口座振替えを行う。また委託により中央銀行の顧客の決済データ（入出金データ）およびそれに付随するEDIを取得し加工して各種の決済に関するサービスを顧客に提供する。中央銀行へのアクセスは銀行を含む特定の電子決済等代行業者からと現行でも日銀預け金口座をもつ証券会社等からのみとなる。

⑦ 銀行は主に定期預金（借入金）で資金調達する。貸出を実行するときには必ず資産に決済用資金（日銀預け金）がないと実行できないというノン

バンクと同じ状況となる。

　以上の方法によればすべての円の決済および決済データを中央銀行に集中することができ、日銀預け金口座の本人確認を電子決済等代行業者が厳格に行うことにより匿名性を排除することが可能な状態にすることができると考えられる。

●マネタリーベースのみのシミュレーション結果

　2021年3月末のマトリックスを用いてシミュレートした結果は図表8−5のとおりである。現金121兆円と預金取扱機関（銀行）の流動性預金899兆円を消去し日銀預け金に移行すると預金取扱機関の日銀預け金が大幅なマイナスとなる。そのマイナスを解消するために中央銀行に資産を売却して日銀預け金の不足額を充当する方法と資産売却のかわりに中央銀行から資産担保で借り入れて日銀預け金に充当する方法を提示した。

　2021年3月末のストックをベースに、現金と流動性預金を日銀預け金に振り替え、円建ての日銀オペ残高を償還し日銀預け金で清算、その結果大幅なマイナスとなった預金取扱機関の日銀預け金を埋めるため債務証券のほぼ全額と住宅ローンの全額、企業・政府等向け貸出の一部を中央銀行に売却したものとした。家計と対家計民間非営利団体以下の部門は現金と流動性預金が日銀預け金に振り替わるだけの移動となり、政府預金や海外中央銀行等の日銀へのその他預金は変更なしとした。

　移動後のストックは預金取扱機関が供給していた決済手段である流動性預金が消滅し、中央銀行が供給する決済手段のみとなる。

　現状の流動性預金の残高が決済手段の需要残高だと仮定すると、中央銀行がこの需要を満たすためにはシミュレーションの移動列のとおり、ネットで375兆円の資産を増加させる必要がある。資産は流動性預金を供給していた預金取扱機関から購入する必要がある。現状の流動性預金の残高が決済手段の需要残高とみなすのはかなり乱暴であるが、中央銀行が資産購入により決済手段（日銀預け金）を供給するスキームは決済手段の需要の増減に対して制約が大きい。たとえば新型コロナウイルス感染拡大に伴って法人企業の借

図表8－5　マネタリーベースのみの状況①

（単位：兆円）

部門　　　　項目	移動前 資産	移動前 負債	移動 資産	移動 負債	移動後 資産	移動後 負債
中央銀行						
－現金		121.0		－121.0		
－日銀預け金		522.6		497.1		1,019.6
－日銀貸出金	128.3		－125.8		2.4	
－－企業・政府等向け			26.9		26.9	
－－住宅貸付			177.2		177.2	
－現先・債券貸借取引		0.6		－0.6		
－国庫短期証券	36.4		45.7		82.1	
－国債・財投債	505.2		128.6		633.8	
－地方債			46.1		46.1	
－政府関係機関債			31.3		31.3	
－事業債	7.5		39.7		47.2	
－ＣＰ	2.9		5.7		8.6	
合計	749.5	749.5	375.4	375.4	1,124.9	1,124.9
預金取扱機関						
－現金	10.8		－10.8			
－日銀預け金	487.6		－487.6			
－流動性預金	21.1	899.3	－21.1	－899.3		
－日銀貸出金		124.4		－122.0		2.4
－－企業・政府等向け	626.6	65.6	－26.9		599.7	65.6
－－住宅貸付	177.2		－177.2			
－現先・債券貸借取引	20.8	63.8	－0.6		20.2	63.8
－国庫短期証券	45.7		－45.7			
－国債・財投債	128.6		－128.6			

—地方債	46.1		−46.1			
—政府関係機関債	31.3		−31.3			
—事業債	39.7	3.0	−39.7			3.0
—CP	5.7	0.6	−5.7			0.6
合計	2,229.6	2,229.6	−1,021.3	−1,021.3	1,208.3	1,208.3
その他金融機関						
—現金	0.4		−0.4			
—日銀預け金	35.0		23.4		58.3	
—流動性預金	26.8		−26.8			
—日銀貸出金		3.8		−3.8		
家計と対家計民間非営利団体						
—現金	102.5		−102.5			
—日銀預け金			677.0		677.0	
—流動性預金	574.5		−574.5			
非金融法人企業						
—現金	7.3		−7.3			
—日銀預け金			240.2		240.2	
—流動性預金	232.9		−232.9			
一般政府						
—現金	0.0		0.0			
—日銀預け金			41.5		41.5	
—流動性預金	41.5		−41.5			
海外						
—日銀預け金			2.6		2.6	
—流動性預金	2.6		−2.6			

入ニーズ（＝決済手段の確保ニーズ）が高まったときには銀行は定期預金で家計等から日銀預け金を調達して貸すか、中央銀行に貸出債権を売却して貸すことになり機動的に借入ニーズを満たしづらくなる。また、定期預金金利や貸出金利の上昇を招くと思われる。

そこで、決済手段の需要の増減に対して機動的に対応する方法としては預金取扱機関からの資産購入と同じ効果をもつ資産担保による貸付スキームが考えられる。

担保としては債務証券のほか、住宅ローンや企業・政府向け貸出を想定している。預金取扱機関はあらかじめ自行の資産を担保として中央銀行に差し入れ、その余裕の範囲内で日銀貸出金を受けることができるとした。預金取扱機関の行動は定期預金で資金を集め日銀預け金をある程度保有し、資金需要が高まった場合には日銀貸出金での調達も併用することもできるため貸出の機動性ははるかに高いと考えられる。

図表8－6は預金取扱機関が資産担保によって日銀貸出金を受ける場合のシュミレーションであるが、このモデルについて以下、評価してみる。

(1) 家計や法人・企業

日銀預け金を直接保有し、円の決済手段はこれのみとなる。したがって決済に関して信用リスク面での懸念はなくなる。

日銀預け金へのアクセスは銀行を含む委託契約を締結した電子決済等代行業者を通じて行う。銀行を委託先にした場合、現状の流動性預金の部分が日銀預け金に置き換わるだけで送金や口座振替え、給与振込みや総合振込み、残高確認や入出金記録など現状、銀行が提供しているサービスは同じように受けられ外観的には変わりがない状態にできると考えられる。

日銀預け金から銀行の負債である定期預金に預け入れ、定期預金の期限には日銀預け金に払い戻される。また銀行から借り入れた場合には日銀預け金に入金され、元利金の返済は日銀預け金が引き落とされる。

クレジットカードは決済が日銀預け金で行われるだけで利用者からすると現状と変わりがない。カード発行会社は銀行経由で決済するほか、自ら電子決済等代行業者となって直接日銀預け金にアクセスするルートも考えられる。デビットカードも委託を受けた銀行のほか電子決済等代行業者も発行できるものと考えられる。

プリペイド方式による預け金は決済手段の集中化に反するためここでは取り扱わないこととしデビットカード方式で対応するものとする。

図表 8 − 6　マネタリーベースのみの状況②

（単位：兆円）

部門　　　項目	移動前 資産	移動前 負債	移動 資産	移動 負債	移動後 資産	移動後 負債
中央銀行						
―現金		121.0		−121.0		
―日銀預け金		522.6		497.1		1,019.6
―日銀貸出金	128.3		375.4		503.7	
―現先・債券貸借取引		0.6		−0.6		
合計	749.5	749.5	375.4	375.4	1,124.9	1,124.9
預金取扱機関						
―現金	10.8		−10.8			
―日銀預け金	487.6		−487.6			
―流動性預金	21.1	899.3	−21.1	−899.3		
―日銀貸出金		124.4		379.3		503.7
―現先・債券貸借取引	20.8	63.8	−0.6		20.2	63.8
合計	2,229.6	2,229.6	−520.1	−520.1	1,709.6	1,709.6
その他金融機関						
―現金	0.4		−0.4			
―日銀預け金	35.0		23.4		58.3	
―流動性預金	26.8		−26.8			
―日銀貸出金		3.8		−3.8		
家計と対家計民間非営利団体						
―現金	102.5		−102.5			
―日銀預け金			677.0		677.0	
―流動性預金	574.5		−574.5			
非金融法人企業						
―現金	7.3		−7.3			
―日銀預け金			240.2		240.2	
―流動性預金	232.9		−232.9			

一般政府					
—現金	0.0		0.0		
—日銀預け金			41.5	41.5	
—流動性預金	41.5		− 41.5		
海外					
—日銀預け金			2.6	2.6	
—流動性預金	2.6		− 2.6		

　法人企業の円の入出金もすべて日銀預け金の口座間振替えで行われ口座番号自体がIDとなるため入出金の確認（いわゆる消込み）はより円滑に行うことができる。電子決済等代行業者が中央銀行の決済データとEDIを委託により中央銀行から取得し法人・企業向けの消込みなどの決済サービスを提供することになるが、データは中央銀行1行に集中していることからより統一的・統合的なサービスが可能となると考えられる。

(2)　銀　　行

　決済手段を負債として供給することができないため、貸出を行う場合や有価証券、その他の資産を購入する際には必ず対価となる日銀預け金を保有している必要がある。

　日銀預け金の調達手段は家計や法人・企業からの定期預金（およびCD・CPなどその他の負債）と中央銀行からの資産担保による借入れであると想定される。定期預金等による調達をベースとしながら顧客の借入需要急増時には中央銀行借入れにより貸出を行うものと考えられる。貸出金利は日銀預け金の金利と定期預金金利および中央銀行からの借入金利がベースとなるだろうが、金利についてと担保評価については次の中央銀行の項で考えたい。

　銀行は定期預金を多数の預金者から調達しまた多数の企業、個人に貸出をしており、決済手段（日銀預け金）が銀行の信用リスクから隔離されていても規模が大きくなれば現状と同じように「Too Big To Fail 問題」は残り、自己資本比率規制などの規制は内容に変更はあるものの継続されるものと思われる。

(3) 中央銀行

　円の決済手段をすべて中央銀行が供給し、円のすべての決済を中央銀行内の口座振替えで行うことから現状とはまったく異なる機能をもつことになる。

① 円の全決済データを保有

　円のすべての決済データとEDIを保有することは円の支払の全ネットワークを把握することであり非常に強力な機能といえる。

　中央銀行による銀行向け貸出の担保には銀行の個人向けや企業向けの貸出債権を含むことになると考えられるが、債務者の資金の受払いデータが円に関しては直接の１次受払い対象のみならずその先の２次、３次と全ネットワークが把握できるためAIによる信用力評価が常時モニタリング可能で、信用力評価能力は格段に高まると予想される。

　たとえば、ある企業の個々の売上入金データ、仕入れ支払データ、経費支払データ、設備購入支払データ、個々の従業員への給与支払データなどの推移が直接の販売先や仕入れ先や支払先だけではなく、個々の販売先の売上データや支払データの推移、さらにその先と支払のネットワーク全体のデータを把握できるため審査精度は飛躍的に高まる。その結果、中央銀行はきわめて高い担保評価能力をもつと予想される。個人や企業の決済データで把握できないものは外貨建て取引や仮想通貨建て取引と債権債務の相殺による取引などと考えられる。

　審査能力以外では、決済データに基づく各種の経済統計も全数調査がリアルタイムで可能なため精度が一気に向上するものと考えられる、また各個人の円建て受払いデータ全体を把握することで収入や消費動向、AML（マネーロンダリング、犯罪対策）、などさまざまな分野で画期的な機能を発揮することが予想される。

② 金利体系

　このモデルで中央銀行が直接決定できる金利は日銀預け金金利と銀行への貸出金利であり、それぞれ相手や階層によって異なる金利も適用できるものと考えられる。

法人・企業や個人、政府向け等の貸出は銀行が担い手の中核となるが、銀行の資金調達の中心は定期預金でそれを補完するかたちで中央銀行からの借入れとしている。

銀行に預ける定期預金は中央銀行に預ける日銀預け金に比して信用リスクと流動性に劣り、定期預金金利は日銀預け金金利に上乗せして期間ごとに決定される。

したがって、銀行の貸出金利のベース金利は定期預金金利と考えられ、貸出金利は定期預金金利に貸出スプレッドを乗せた金利となるはずである。

中央銀行からの銀行向け貸出金利は理論的には定期預金金利よりも高く銀行の貸出金利よりも低い水準で決まるものと考えられ、銀行の貸出スプレッドの一部を銀行自らのリスクプレミアムとして中央銀行に支払うかたちとなる。

図表8－7は上記の4つの金利の関係性と金利水準のケースを例示したものである。

金利に関しては、日銀預け金と中央銀行の銀行向け貸出の金利は中央銀行が任意に決定する。

定期預金金利は決定された日銀預け金金利に対して銀行が上乗せするかた

図表8－7　マネタリーベースのみの世界の金利

金利の種類	シミュレーション上の規模（兆円）	決定過程	ケース1（%）	ケース2（%）	ケース3（%）
銀行の貸出金利	822	銀行主導	0.8	0.0	2.0
中央銀行の銀行向け貸出金利	504	中央銀行決定	0.2	−0.7	1.5
（1カ月物）定期預金金利	702	銀行と各主体の選好	0.1	−0.8	1.2
日銀預け金金利	1,020	中央銀行決定	0.0	−1.0	1.0

（注）　シミュレーションの規模は前掲の日銀貸出金で対応するマネタリーベースだけの状態の中央銀行と預金取扱機関の移動後の残高による。定期預金には譲渡性預金を含めた。定期預金金利と貸出金利は期間により異なるがここでは1カ月物を想定した。

ちで銀行の必要調達額と日銀預け金を保有する個人や法人・企業の選好度合いによって上乗せ幅が決まる。

　個人や法人・企業が決済手段である日銀預け金を選好するか定期預金を選考するか、国債や他の金融資産を選好するかは各主体の任意であり、金利の起点である日銀預け金金利の水準と定期預金金利の上乗せ幅により日銀預け金と定期預金の配分を決めていくだろう。

　既述のとおり日銀預け金の総額は中央銀行が保有する資産総額によって決まり、中央銀行が任意の大きさに決定する。シミュレーションでは大きな中央銀行、巨額な日銀預け金残高を想定しており、国債の代替資産としての規模も大きいとしている。総額が巨額で不変のもとで、各主体がもつ日銀預け金が定期預金に振り替わることによって銀行に日銀預け金が集まっていくことになる。

　ケース1は日銀預け金金利を0％、ケース2は−1.0%、ケース3は1.0%としたときのイメージである。日銀預け金の総額と金利は中央銀行が任意に決定できるが、総額と金利が与えられたもとで定期預金金利をどの程度に設定すれば銀行が必要とする金額が定期預金に振り替わるかの想定は困難である。たとえば、中央銀行の銀行向け貸出504兆円はシミュレーション上の銀行の要調達額であるが、この金額を定期預金で調達し中央銀行からの貸出を返済しようとした場合、各ケースでどの程度の定期預金金利に設定すればよいかといったことは各主体の金利選好の問題となり想定は困難である。

　中央銀行からの銀行向け貸出は、銀行の貸出債権を含む広範囲な担保設定を前提として十分な借入可能額を想定している。この金利は中央銀行が任意に設定するが、銀行にとっては定期預金の代替調達となることから定期預金金利の上限になる。この金利を日銀預け金金利よりも大幅に高くすると銀行は定期預金のみで調達することとなり実質的には使用されなくなる。したがってこの金利は定期預金の上限となり、銀行の貸出のベース金利にもなるが、それ以上高くすると貸出金利のベース金利にはならないと考えられる。

　以上のように銀行の貸出のベース金利は定期預金金利になると考えられ、その定期預金金利は日銀預け金金利をベースとしている。銀行の貸出金利は

貸出先ごとのリスクプレミアムをベース金利に上乗せするかたちで相対の交渉により決定される。

中央銀行の政策金利的な観点から整理すると、日銀預け金金利が起点となり定期預金金利が決まりそれをベースに銀行の貸出金利が決まっていく。自然体で決まる定期預金金利よりも貸出ベース金利を下げたい場合には銀行向け貸出金利を自然体の定期預金金利よりも低い水準に設定する。

ケース２のような日銀預け金金利をマイナスに設定することも可能であるが、なんらかの目的で銀行の貸出金利を引き上げようとする場合にはケース３のように日銀預け金金利もそれに見合うだけの水準まで引き上げる必要が出てくる。

現行のように日銀預け金の保有者が銀行や証券会社を中心とした金融機関に限られる場合には各保有者に金額を割り当てて金利を多層化しかつ枠空きにペナルティー金利を適用することによって大部分の日銀預け金金利をマイナス金利に固定したまま政策金利だけを引き上げることは可能であると考えられる[注1]が、日銀預け金を個人や一般企業も含め、すべての経済主体が保有することになるこのモデルでは、そうした手法は不可能である。このモデルでも金額階層別や個人や法人・企業、金融機関など保有者カテゴリー別に日銀預け金金利を設定することは可能であるが、日銀預け金金利を低く抑えたまま銀行の貸出ベース金利を大きく引き上げることは直接金融のチャネルがある以上、困難だと思われる。

〔注１〕　大部分の日銀預け金金利をマイナス金利に固定したまま政策金利だけを引き上げる方法については、第３章「日銀預け金による国債の代替効果」参照。

⑷　中央銀行デジタル通貨（以下「CBDC」）

CBDCは現在、日銀を含むＧ７の中央銀行グループをはじめ各国の中央銀行・金融当局で研究が進み、実証実験が始まっている。金融庁の「デジタル・分散型金融への対応のあり方等に関する研究会」では2021年11月に中間論点整理を取りまとめたが、そのなかでCBDCについて、

「CBDCは、決済システムのデジタル化や、ステーブルコインを含めた民

間のデジタルマネーの広がりという流れにおける、大きな動きの１つとして捉えられる。そのため、民間のデジタルマネーとともに、決済のデジタル化の取組み全体として、より安価で利便性が高く、かつ安全に利用できる金融サービスの実現に資するものとなることが重要と考えられる。

その制度設計に当たっては、Ｇ７から公表された「リテール中央銀行デジタル通貨（CBDC）に関する公共政策上の原則」も踏まえ検討する必要がある。その際、金融システムの安定や利用者保護を目的とした金融行政の観点からは、主として以下の論点について検討を行う必要があると考えられる。

・民間金融機関の金融仲介機能への影響や金融危機時等における影響等に対処すること
・民間の決済サービスとの共存によるイノベーションの促進の観点から、民間の創意工夫を促す柔軟な設計を検討すること
・利用者保護の観点等から権利義務関係を明確に規定すること
・AML/CFTの要請に対応すること
・プライバシーへの配慮や個人情報保護との関係を整理すること
・クロスボーダー決済等で使用される可能性を考慮すること」
としている。

マトリックスを用いたシミュレーション上は決済手段の中央銀行への完全な集中と中央銀行内の口座間振替決済、および一般ユーザーの間接的接続を仮定している。現状CBDCに関する各国の金融当局・中央銀行の公表ペーパー等に具体的な方法案は記載されていないが、中央銀行内の口座間振替決済は○○ペイにみられるとおり最もシンプルな方法で実現性は高い方法の１つだろう。

どのペーパーも民間との共存を指摘しており、決済手段の完全な集中は制度的には行われないと予想されるが、CBDCの目的の１つであるより安全で安価で利便性が高いサービスが実現された場合には相当高い割合でCBDCに決済手段が置き換わるものと予想される。金融市場の混乱は繰り返し起こっており、今回の新型コロナウイルス感染拡大時にもみられたように危機時には安全な流動性・決済手段へのニーズが急速に高まる。信用リスクの面では

CBDCに勝る決済手段はなく、安全で安価で利便性が高いCBDCへのニーズはそうしたイベントのたびごとに高まるだろう。

また少なくとも当面は低金利は継続される状況において、各決済手段の金利面での大きな差はないと考えられる。通信手段に連動し利便性の高い○○ペイとの共存を考えた場合、現状のように限定された金額でかつ保全された預け金との共存は十分ありうると考えられる。一方、預り金がなく個々の決済のつど中央銀行口座にアクセスするシミュレーションの方法とではアクセス数が異なるだけでユーザーにとっては利便性に変化はなく信用リスクは軽減されるものと思われる。決済データによる企業審査能力の向上等を述べたがこれは100％の集中でなくてもある程度のユーザー数シェアと決済金額シェアがあれば実用的には十分な精度が得られるだろう。

このようにCBDCがその目的に沿って実現すればシミュレーションに近い状況が出現する可能性が高いものと考えられる。

●決済手段に100％準備預金を課したケースのシミュレーション結果

銀行による決済手段の供給を残しながら決済手段の信用リスクを供給銀行から隔離することを目的として決済手段残高に対して100％の準備預金を積む方法がある。

2021年3月末の日銀預け金残高522.6兆円に対して日銀の統計によれば法定準備預金額は11.8兆円（月平残）、準備預金額は463.4兆円である。この法定準備預金額の対象を決済手段金額（ここでは流動性預金としている）、準備率を100％とするもので法定の強制部分〔注2〕を大幅に増加させる方法であり、現状のように中央銀行のバランスシートが拡大している場合は、資産規模をさらに大きくすればよく、かつ国債発行残高が巨額で資産規模拡大余地があることなども考え合わせると、まったく非現実的とはいえないと考えられる。

〔注2〕　現状は「準備預金制度に関する法律」で定められており、不足分のペナルティー金利幅は3.75％であるが不足は信用不安を想起させるため強い強

制力をもつと考えられる。

　現金121兆円と円建ての日銀オペを消去するまでは決済手段を中央銀行の
みとするシミュレーションは同じで、その後の移動を預金取扱機関が流動性
預金と同額の日銀預け金を準備預金として積むものとする（図表8−8）。積
む手段として決済手段を中央銀行のみとするシミュレーションと同様、中央
銀行へ資産売却により調達するケースと資産担保により中央銀行から借り入
れるケースが考えられるが図表8−8では借入れのケースを示した。
　決済手段の供給が中央銀行のみのシミュレーションとの相違点は、預金取
扱機関が供給している流動性預金がそのままで準備預金として同額を中央銀
行に積むか、流動性預金が日銀預け金に振り替わるかで、預金取扱機関が調
達しなければならない日銀貸出金は同じである。

(1)　家計・一般法人

　家計や一般法人・企業など預金取扱機関以外の経済主体に直接的な変化は
なく（現金の消去は別として）、現状と同様に銀行の流動性預金で決済し、銀
行の決済サービスも変化はない。
　間接的な影響としては、預金取扱機関の法定準備預金額が流動性預金額に
リンクすることにより預金取扱機関の行動が変わり流動性預金金利や定期預
金金利が法定準備預金金利に連動するものと思われる。

(2)　預金取扱機関

　預金取扱機関にとっては法定準備預金額を自行負債の流動性預金の残高以
上に常に維持しなければならず、また流動性預金は顧客のニーズにより変動
が大きいと考えられるためある程度余裕をもった準備預金を維持する必要が
ある。一方、流動性預金から準備預金の対象外の定期預金などに誘導するこ
とができる。
　日銀預け金の総額は中央銀行が資産規模を調整することによってのみ変化
させることができることから中央銀行が総額を十分大きな金額にすると預金
取扱機関の準備預金維持はより容易になる。
　中央銀行による日銀預け金総額が十分に大きいと定期預金への誘導圧力は

図表8-8　100%準備預金を積む状況　（単位：兆円）

部門　　　項目	移動前 資産	移動前 負債	移動 資産	移動 負債	移動後 資産	移動後 負債
中央銀行						
―現金		121.0		−121.0		
―日銀預け金		522.6		497.1		1,019.6
―日銀貸出金	128.3		375.4		503.7	
―現先・債券貸借取引	0.0	0.6		−0.6		
合計	749.5	749.5	375.4	375.4	1,124.9	1,124.9
預金取扱機関						
―現金	10.8		−10.8			
―日銀預け金	487.6		500.9		988.5	
―流動性預金	21.1	899.3		110.3	21.1	1,009.6
―日銀貸出金		124.4		379.3		503.7
―現先・債券貸借取引	20.8	63.8	−0.6		20.2	63.8
合計	2,229.6	2,229.6	489.6	489.6	2,719.2	2,719.2
その他金融機関						
―現金	0.4		−0.4			
―日銀預け金	35.0		−3.8		31.1	
―流動性預金	26.8		0.4		27.2	
―日銀貸出金		3.8		−3.8		
合計	1,759.7	1,759.7	−3.8	−3.8	1,755.9	1,755.9
家計と対家計民間非営利団体						
―現金	102.5		−102.5			
―流動性預金	574.5		102.5		677.0	
非金融法人企業						
―現金	7.3		−7.3			
―流動性預金	232.9		7.3		240.2	
一般政府						
―現金	0.0		0.0			
―流動性預金	41.5		0.0		41.5	

小さくなり、十分でない場合には定期預金金利の上昇圧力が大きくなるものと思われる。

　シミュレーション上では2021年３月末の流動性預金残高がそのまま一般経済主体の決済手段ニーズとしているが、この場合は日銀預け金が379.3兆円の不足となり中央銀行がその分資産保有を増加させて日銀預け金を供給するか預金取扱機関が定期預金に誘導する必要がある。シミュレーション上は日銀貸出金（中央銀行の資産保有）により直接的に不足分を埋め合わせているが国債等の他の資産を増加させても結果は同様になる。

　現行の制度下で中央銀行がこの金額の日銀預け金を増額させた場合との違いは、現行制度下ではごく少額の法定準備金額に多額の、法的には任意な日銀預け金の構成であるのに対し、このモデルでは預金取扱機関は法定準備金額中心の日銀預け金の構成となり信用不安へのバッファーとしての日銀預け金の機能がより高まるものと思われる。

(3)　中央銀行

①　資産増加方法

　預金取扱機関の法定準備預金額の総額に対して中央銀行は必ず満たせるように資産を保有して日銀預け金を供給する必要がある。中央銀行の資産増加の方法はシミュレーション上は預金取扱機関からの資産購入あるいは資産担保による預金取扱機関への貸出としている。これは決済手段の供給は中央銀行のみのケースと同様であるとしたが、担保となる貸出債権の審査能力がまったく異なると考えられるため貸出債権の範囲が制限され担保掛け目も保守的になるものと思われる。

　したがって、中央銀行の資産増加の方法としては、

(a)　2021年３月末ストックの国債残高は1,218兆円、中央銀行保有が542兆円であり、中央銀行の保有金額をさらに増やす。

(b)　住宅ローンなど預金取扱機関の貸出債権のなかで担保化しやすい債権を担保として中央銀行が貸し出す。

の併用になるものと思われ、これに預金取扱機関サイドの法定準備預金額を引き下げる方法として、

(c)　定期預金の金利を上げて流動性預金から定期預金に誘導する。

があると思われる。

　国債残高や流動性預金や定期預金の規模を考慮すると不足する日銀預け金379.3兆円を(a)(b)(c)で満たすことは非現実的ではないだろう。

② 金利体系

　日銀預け金口座の保有者は現行と同様、一部の金融機関に限られることから現行と同様に日銀預け金と適用金利を多層化することにより国債の代替資産としての日銀預け金部分の適用金利と政策金利を分離することが可能であると考えられる。

　単純化のために日銀預け金の適用金利は二層構造とし政策金利部分と法定準備預金金額を含むそれ以外としそれぞれの金利を適用するモデルは以下のような過程が考えられる。

　図表8－8の移動後の日銀預け金1,019.6兆円を使って例示すると、

(a)　中央銀行は法定準備金額988.5兆円を余裕をもって上回るように（たとえば1,010兆円）資産保有を維持する。

(b)　表層の10兆円程度に政策金利を適用し、残りの1,000兆円を各日銀預け金保有者に割り当てる。

(c)　割当ての方法は1,000兆円と法定準備金額988.5兆円の差額を総資産規模等の基準で割り当てる。

(d)　法定準備金額が大きく増加し1,000兆円を超えるおそれがない限り1,010兆円を維持する。

(e)　法定準備金額の変動に伴って1,000兆円との差額を定期的に割り当て直して割当額を調整する。

(f)　以上により日銀預け金は、法定準備金額、割当金額、それ以外の表層金額に分離できる。

(g)　表層金額に政策金利 α 、法定準備金額と割当金額に任意の金利 β を適用し、政策金利を安定化させるために第3章「日銀預け金による国債の代替効果」に示した割当金額の枠空き部分に $\beta - \alpha$ のペナルティー金利を適用すればよい。

αとβは任意に適用することが可能でβをゼロあるいは−1.0%に抑えたままαを1.0%や2.0%と上昇させることが可能だと考えられる。

　現行との相違点は法定準備金額は流動性預金金額に連動しているので流動性預金金利はβをベースに適用されるという連想が生まれやすいものと思われる。たとえば、βを−1.0%、αを1.0%にした場合は普通預金や当座預金など流動性預金金利はマイナス1.0%が適用され、銀行間の市場金利は1.0%近辺となり銀行貸出金利は1.0%を起点に適用され、定期預金金利は−1.0%〜1.0%の間で銀行のマイナス運用負担を織り込みながら決定されると思われる。

おわりに

　資金循環統計を最初に知ったのは大学時代の小宮隆太郎教授の講義『国際経済』のなかであった。講義は1970年代のユーロ市場の勃興やスネークと呼ばれた欧州通貨協調、為替先物価格など大変に興味深く探求心をそそる内容で、自分自身のその後の職業を決定づけた。講義のなかで小宮教授は、資金循環統計については今後の研究課題であるという趣旨の説明をされたような記憶がある。

　本書を執筆しようと思い立った動機の1つが白川方明前日銀総裁の退任記者会見での「いまの教科書には、重要なチャプター（章）が、まだいくつも抜けており、そうした章を書き足す作業は、経験を積んだうえで、若い学者あるいは実務家がぜひやってほしい」という問題提起であった。

　長年銀行のリスク管理を行ってきたが、サブプライムローン問題に端を発しリーマンショックに至る金融危機の際のさまざまな議論をみて強く感じたのは、どのような状況でも金融資産と金融負債は必ずバランスしているという資金循環的な視点の不足であった。

　金融機関の経営管理やリスク管理では資金循環的なトータルな状況の把握は必要不可欠である。もとより教科書を書く能力も経験もないができる限り体系的に金融マトリックスを解析することは、白川前総裁が述べられた「章を書き足す作業」だと思い、まとめあげたのが本書である。

　家計の金融資産に関しては報道が定期的になされるが、一般的に資金循環統計はなじみが薄い。その資金循環統計の分析に関する本書の出版に理解を示し、また貴重なアドバイスをいただいた株式会社きんざいの小田徹氏にあらためて厚くお礼を申し上げたい。

　なお、本書で示した意見は、著者が現在および過去に所属した組織と関わりなく著者個人の意見である。また、本書の内容に関するありうべき誤りは著者個人の責任による。

【著者略歴】

磯 野　薫（いその　かおる）

1956年2月21日生まれ
1978年3月　東京大学経済学部卒業
1978年4月　日本長期信用銀行 入行
2000年10月　新生銀行 市場リスク管理部長
2004年4月　りそなホールディングス・りそな銀行 執行役
　　　　　　リスク統括部担当兼コンプライアンス統括部担当
2009年6月　りそなホールディングス 取締役 監査委員会委員長
2010年6月　同 取締役 監査委員会委員
2017年11月　関西みらいフィナンシャルグループ 取締役
　　　　　　監査等委員会委員長
2018年4月　同 取締役（現任）

金融マトリックス──国債と銀行の運命

2022年7月22日　第1刷発行

著　者　磯　野　　　薫
発行者　加　藤　一　浩

〒160-8520　東京都新宿区南元町19
発　行　所　一般社団法人 金融財政事情研究会
企画・制作・販売　株式会社きんざい
出 版 部　TEL 03(3355)2251　FAX 03(3357)7416
販売受付　TEL 03(3358)2891　FAX 03(3358)0037
URL https://www.kinzai.jp/

校正：株式会社友人社／印刷：三松堂株式会社

ISBN978-4-322-14160-3